JN125378

手づかみ離乳食

たつのシティタワークリニック院長
田角勝 著

合同出版

もくじ

第1章

赤ちゃん中心に考える離乳と離乳食

第2章 「食べさせること」が中心の離乳からの脱却

第3章 味覚と食行動の発達

第4章 赤ちゃんが自分で食べる離乳の実際

第5章 離乳からの子育て

はじめに

親にとって赤ちゃんが楽しく食べることは、この上ない喜びになり、それは楽しい育児につながります。しかし離乳が始まると、多くの親は何をどのように食べさせるかで悩むことになります。離乳や離乳食をどうするべきかという問題は、今に始まったことではなく、その背景には文化や社会などが関係しています。そして、いつ・何を・どのように食べさせるのが最もよいかという議論になり、様々な情報が親にもたらされています。本書では難しい離乳の問題点を考え、赤ちゃんと親が楽しくなる離乳の方法を示しました。

実際に離乳を開始するとき、ほとんどの親や指導する保健師は、何の疑いもなく「すりつぶしたおかゆをスプーンで一口」から始めようとします。

これは本当に正しいのでしょうか。

スプーンで一口から離乳を開始すると、赤ちゃんはスプーンを嫌がります。その気持ちを無視して食べさせようとすることが離乳食を難しいものにして、お互いの苦労の始まりとなっています。

本書では、6カ月頃の赤ちゃんは自分で食べたがっているということと、一方で個人差があり小食の子もいることを繰り返しお伝えしていきたいと思います。そして赤ちゃん中心に離乳を進めることで、楽しい離乳から楽しい育児に広げていきます。

本書はなるべくエビデンス（根拠）があることをもとに書きましたが、赤ちゃんにより個別性が高く、エビデンスの不足している部分もあります。それについては今後も研究を継続するとともに、それぞれの赤ちゃんがその答えを示してくれると考えています。

田角　勝
たつのシティタワークリニック院長
昭和大学医学部小児科学講座客員教授

第1章

赤ちゃん中心に考える離乳と離乳食

日本では1950年代から育児用ミルクが普及し、それとともに母乳育児が減り、育児用ミルクで育てる家庭が増えました。育児用ミルクのコマーシャルが流され、育児用ミルクで育てることが一種の社会現象になり、当たり前のこととして受け止められました。

しかし、赤ちゃんの栄養摂取方法として母乳育児のよさが見直され、2005年度では38・0%であった生後3カ月の母乳栄養の割合が、2015年度は54・7%になり、混合栄養を含めると89・8%にもなりました（厚生労働省「平成27年度乳幼児衛生調査」2016）。

このように母乳栄養、そして母乳育児に関しては、その重要性が見直されたにもかかわらず、離乳について十分に考えられてきたとはいえません。

赤ちゃんにとっての離乳や離乳食は理想的な方法があるわけではなく、今後もそのような形はないでしょう。それは赤ちゃんや親が生活するそれぞれの環境や文化が異なるからです。しかし赤ちゃん中心で進めるべき離乳食が、赤ちゃん抜きで決められる離乳食になってしまっていることは問題です。

日本では離乳を進めるときに、親が何を参考にしているかという調査をみると、保健師のアドバイスや育児書が多いようです。それらのアドバイスのもとになっているのは、厚生労働省が策定している「授乳・離乳の支援ガイド」（2007年に策定、2019年に改定）です。

この「授乳・離乳の支援ガイド」に書かれている離乳食の進め方は、なめらかにすりつぶしたおかゆを一口からスプーンで食べさせるとされています。しかし離乳開始時にあたる6カ月頃の赤ちゃんは、自分で食べようとする行動をとるので、これを支援することが基本であると考えています。

いままで離乳や離乳食の開始はつぶしたかゆと教えられてきた人にとっては、赤ちゃんが自分で食べるということは、非常に特殊なことのように感じられるかもしれません。

しかし、離乳や離乳食の基本は、赤ちゃん自身が自然に持っている能力を素直に引き出すだけです。決して難しいことや特別な方法とは考えていません。いくつかの注意点に気を付けるだけで、特別な講習を受ける必要もなく誰にでもできるのです。

それは赤ちゃんが歩くことを教えられなくても、いつの間にか歩けるようになること似ています。赤ちゃんが歩こうとしているときに親が赤ちゃんの足を持って手伝おうとしたら、赤ちゃんは嫌がり歩くことを止めます。

今の離乳の進め方は「食べさせよう」とすることで、赤ちゃんが自分で食べようとする意思を邪魔しているようなものです。赤ちゃんが自分で食べる離乳のよさはすぐに実感できるので、考え方を理解したうえで早速始めてみましょう。

◉離乳とは

「授乳・離乳の支援ガイド」によると、以下のように定義されています。

「離乳とは、成長に伴い、母乳または育児用ミルク等の乳汁だけでは不足してくるエネルギーや栄養素を補完するために、乳汁から幼児食に移行する過程をいい、その時に与える食事を離乳食といい、離乳の開始とは、なめらかにすりつぶした状態の食物を初めて与えた時をいう」

世界保健機構（ＷＨＯ）は、離乳食をcomplimentary feedingといい、「補完食」と訳されます。補完食という言葉は、離乳食が母乳や育児用ミルクの栄養を補完するという意味になりますが、離乳・離乳食は赤ちゃんにとってそれだけの意味ではありません。離乳は栄養の補完だけではなく、生きていくために自分で食べることの開始であり、それは親からの自立の第一歩と考えられます。

補完食という栄養中心に考えた表現ではなく、本書では自立の開始の重要性を意識し、古くから使われている離乳・離乳食という言葉を使っています。

なお離乳食の食物形態は、つぶしたもの、ピューレ状、ペースト状、裏ごししたものなどがあり、厳密にはそれぞれに形態や物質特性の違いがありますが、本書では、諸外国で離乳食の形態の表現に使われるピューレ状という言葉に、これらを含めた広い意味として使っています。

◎離乳に悩む親

離乳における悩みには、離乳開始時とその後の進め方があります。いずれも親と赤ちゃんにとってストレスになりますが、特に食事のスタートとなる離乳開始時のストレスは大きいものです。

離乳を始めるにあたり、ほとんどの親は「授乳・離乳の支援ガイド」に従い、6カ月頃にピューレ状のものをスプーンで一口から食べさせようとします。そうすると赤ちゃんは初めての経験に驚き、いったい何が来たかと嫌がり、排除しようとして口を閉じるか、開けてもスプーンや食べものを押し出そうとします。困った親は何とか食

◎離乳食について困ったこと

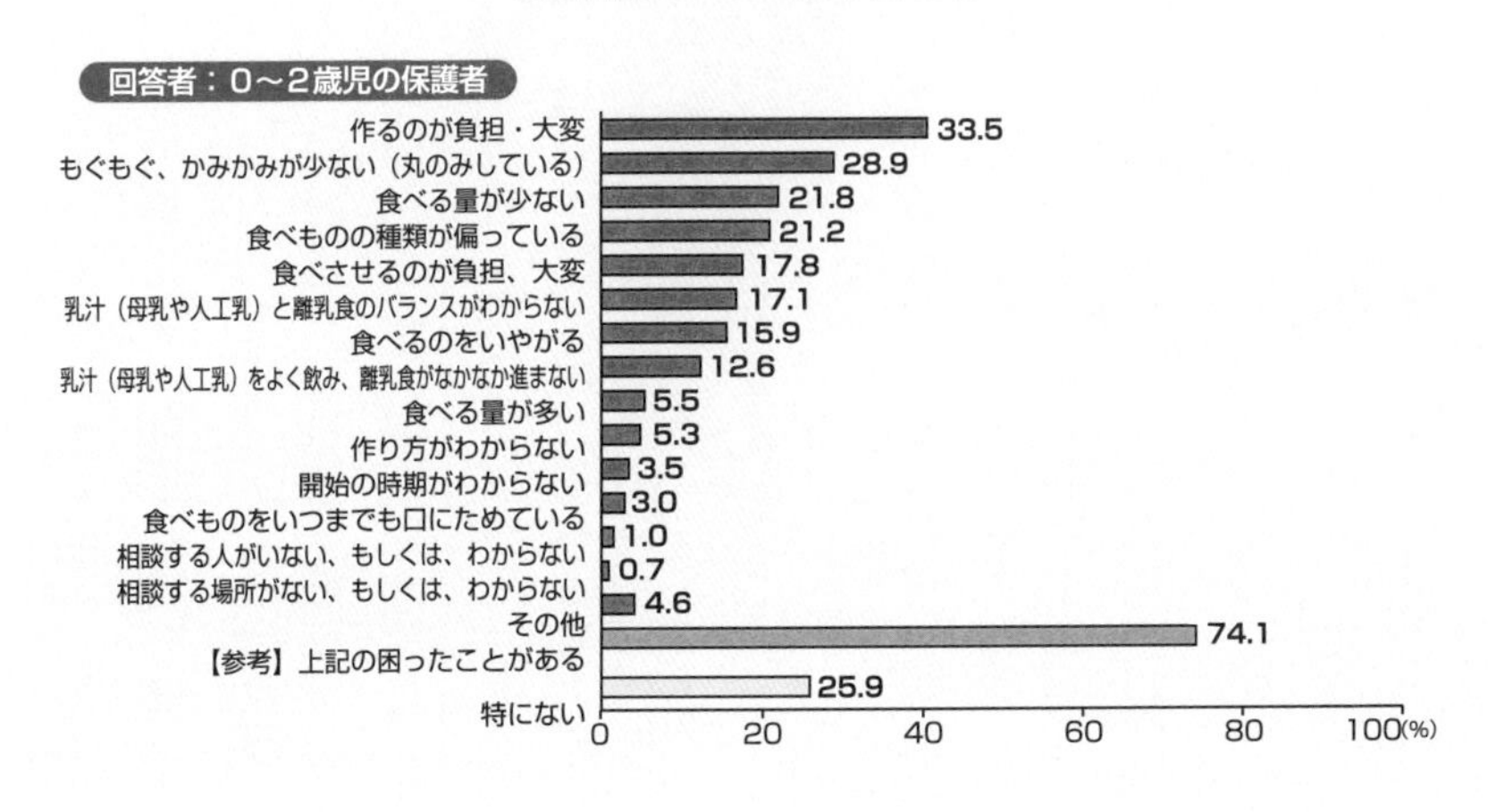

出典：厚生労働省「平成 27 年度乳幼児栄養調査」（2016）

べさせようとして、食べさせ方が悪いのか、味や形態が悪いのかなどと悩むことになります。

離乳について困りごとを抱える親は多く、「平成27年度乳幼児栄養調査」（厚生労働省、2016）では、「作るのが負担・大変」が33・5%、「もぐもぐ、かみかみが少ない」が28・9%、「食べる量が少ない」が21・8%、「食べものの種類が偏っている」が21・2%であり、何らかの困りごとを抱える親は74・1%にものぼります（上表）。

また、離乳・離乳食について学ぶ機会は、「保健所・市町村保健センター」67・5%が最も多く、次に「育児雑誌」41・3%、「インターネット」27・6%、「友人・仲間」26・8%となっています。これらの情報の内容を調べてみるとほとんどが「授乳・離乳の支援ガイド」にもとづいています。

赤ちゃんに「食べさせること」を基本にするこのような離乳支援は、多くの赤ちゃんと親にストレスを与えます。それは赤ちゃんが自分で食べようとしているのに、自分の意識とは無関係にスプーンでピューレ状の食べものを一口ずつ食べさせられるという経験になるからです。それでもしばらくすると赤ちゃんは、食べさせてもらうことに慣れて受け入れますが、最初から食事を楽しんでいるわけではありません。

成長と発達に重要なこの時期に、ストレスを少なくし能力を伸ばす離乳を開始することは、赤ちゃんと親にとって大切なことです。そして離乳の悩みが軽減されることは、楽しい育児につながり、その後の育児全体にも影響するのです。

6カ月頃の赤ちゃんが自由に食べているときと食べさせられているときの様子を見れば、その違いを明らかに感じることができます。そして普通におこなわれている「食べさせること」が中心の離乳に、疑問を持たざるを得ません。

◎育児のストレスを減らす赤ちゃん中心の離乳

赤ちゃんが自分で食べることを中心に考えることで、離乳の悩みが解決する場合がたくさんあります。「自分で食べる離乳」とは、赤ちゃんが手で食べものをつかみ口に運ぶということです。そのためには、まず赤ちゃんが自分で食べようとする気持ちを持つことが大切です。

乳児期の食べる行動と機能は、主役の赤ちゃんが母乳を飲むことから自分で食べることに移行する過程で発達していきます。それぞれの赤ちゃんの食事に対する意欲は、遺伝的な素質に加えて胎児期から離乳開始までの経験が関係します。母乳を飲む機能は生まれながらに持っていますが、食べものを自分で食べることは出生後の経験により獲得していきます。離乳はそのスタートになります。

生まれながらによく飲み、よく食べる赤ちゃんもいれば、小食の赤ちゃんもいます。素質として備わる食欲は、成長過程においてもそれほど変わらないと考えられています。そのような個性をふまえて、それぞれに食事の経験を積むことが大切です。

離乳開始時の赤ちゃんが自分で食べるには、手づかみという方法になります。その手づかみ食べがしっかりできると、スプーンで食べさせてもらうことをスムーズに受け入れられるようになります。しかし手づかみ食べが上手になれば、赤ちゃんはスプーンで食べさせてもらう必要がなくなるかもしれません。それは手づかみ食べをしているうちに、フォークやスプーンで食べている大人や子どもの真似をして、いつのまにか道具を使うこともあるからです。

そうなると、スプーンで食べさせてあげることは、親の楽しみや期待のためだけかもしれません。それもコミュニケーションの一つとして、赤ちゃんは食べさせてもらうことを容認して楽しんでくれるかもしれませんが、赤ちゃんは自分で自由に食べることのほうが好きです。食べさせてあげることがまったく必要ないとはいえませんが、赤ちゃんが自分で食べることと食べさせてもらうことを自由に選べることが大切です。

病気のために手が不自由で、手づかみで上手に食べられない赤ちゃんもいます。それでも自分で食べようとする赤ちゃんの意欲が大切です。食べたいという意欲が引き出せれば、手づかみで食べることが下手でも、スプーンで上手に食べさせてもらうことにつながります。

離乳によって、乳汁（母乳や育児用ミルク）以外のいろいろな食べものに赤ちゃんの経験が広がります。赤ちゃんが主役の離乳といっても、実際にはいつから何を食べ始めるかは、それを準備する親が決めることになります。だからこそ赤ちゃんの食行動を考えて親が支援することが必要になります。

◎離乳食をスムーズに進めるための授乳

離乳が始まるまでの赤ちゃんの食行動は哺乳（母乳や育児用ミルクを飲むこと）で

すが、哺乳のしかたも赤ちゃんの離乳に影響を与えます。離乳を進めるために哺乳で重要なことは、赤ちゃんが自分のペースで母乳や育児用ミルクを飲んでいることです。

それは赤ちゃんが満腹の様子をみせたら、さらに飲むことを促したり、最後まで飲むように強制しないことです。もっと乳汁を飲ませようとすると、よく飲む赤ちゃんは飲みすぎになり、飲みの少ない赤ちゃんにとっては飲ませられることが苦痛になり、飲むことが嫌いになります。

この時期の赤ちゃんはよく泣きますが、空腹が原因で泣いているとはかぎらないので、「赤ちゃんが泣いたら、まず授乳」と反射的に考えないことです。泣かれることは親にとってストレスになりますが、赤ちゃんに特別な問題がないことがほとんどです。母乳や育児用ミルクを飲ませるのは、お腹をすかしていると判断したときだけにしましょう。そうしないと赤ちゃんは食欲と関係なく飲ませられることになり、食事への意欲を削がれます。

母乳や育児用ミルクの飲む量や時間は、赤ちゃんによって大きく異なります。いつもうれしそうに飲む赤ちゃんもいれば、ほとんど興味を示さない赤ちゃんもいます。それぞれの赤ちゃんの違いを理解し、赤ちゃんに応じた授乳をおこなうことが大切です。赤ちゃんの満腹と空腹のサインに応じた授乳をすることが、スムーズな離乳につながります。

◎日本における離乳・離乳食の支援の現状

現在の日本で離乳や離乳食の考え方のもとになっているのは、厚生労働省が策定した「授乳・離乳の支援ガイド」です。ほとんどの日本の離乳や離乳食の書籍や情報は、この方法に沿っているため、日本の離乳の一般的な考え方を知るために「授乳・離乳の支援ガイド」の概要について記しておきます。

「授乳・離乳の支援ガイド」の概要（2019年3月改定）

離乳の開始

①すりつぶしたおかゆから始める。
②新しい食品を始める時には離乳食用のスプーンで1さじずつ与え、子どもの様子をみながら量を増やしていく。
③慣れてきたらジャガイモやニンジンなどの野菜、果物、さらに慣れたら豆腐

や白身魚、固ゆでした卵黄など、種類を増やしていく。

離乳初期（生後5～6カ月頃）

①離乳食を飲み込むこと、その舌ざわりや味に慣れることが主目的。
②離乳食は1日1回与える。

離乳中期（生後7～8カ月頃）

①舌でつぶせるものを与え、1日2回にして生活リズムを確立していく。
②離乳食の後、授乳のリズムに沿って母乳は子どもの欲するままに、育児用ミルクは1日に3回程度与える。
③食べさせ方は、平らな離乳食用のスプーンを下唇にのせ、上唇が閉じるのを待つ。

離乳後期（生後9～11カ月頃）

①歯ぐきでつぶせる固さのものを与える。離乳食は1日3回にし、食欲に応じて離乳食の量を増やす。
②離乳食の後、授乳のリズムに沿って母乳は子どもの欲するままに、育児用ミ

ルクは1日2回与える。
③食べさせ方は、丸みのある離乳食用のスプーンを下唇にのせ、上唇が閉じるのを待つ。

手づかみ食べ

生後9カ月頃から始まり、1歳過ぎの子どもの発育および発達にとって、積極的にさせたい行動。

このように「授乳・離乳の支援ガイド」には、親が赤ちゃんにどのように離乳食を食べさせるかを中心に書かれています。

離乳食を赤ちゃん中心に考える本書がすすめる内容と、厚生労働省のガイドとの大きな相違点をあげておきます。

①離乳の開始から手で持てる食べものを与え、赤ちゃんに自分で自由に口に運ばせる。

②離乳開始時はスプーンを用いず、手づかみで始める。
③離乳初期、中期、後期と食物形態で離乳の時期を分けることをしない。
④食事の回数なども特に決めることはなく、なるべく赤ちゃんに決めさせる。
⑤離乳食は授乳の前の空腹時ではなく、欲しがるときに与える。

離乳や食事はそれぞれの赤ちゃんにより違いがあります。赤ちゃんの食べる意欲や行動を引き出し、自分で食べられる食べものを準備します。

それではなぜこのような方法がおすすめなのか、話を進めましょう。

◉急増したベビーフード

日本の出生率は低迷しているにもかかわらず、ベビーフードの生産量は急激に増えています（日本ベビーフード協議会資料）〈25ページ表〉。ベビーフードの生産量は1970年代に増加し、さらに1990年以降に急増しています。社会生活の変化もあり、便利さや安全性などで社会環境に応じたものと考えられます。現在のベビーフードはレトルトや瓶詰や乾燥品で500種類以上販売され、厚生労働省の「授乳・離乳

◎厚生労働省が策定した「授乳・離乳の支援ガイド」より離乳食のすすめかたの目安

	離乳の開始 ←→ 離乳の完了			
	以下に示す事項は、あくまでも目安であり、子どもの食欲や成長・発達の状況に応じて調整する。			
	離乳初期 生後5～6か月頃	離乳中期 生後7～8か月頃	離乳後期 生後9～11か月頃	離乳完了期 生後12～18か月頃
食べ方の目安	●子どもの様子を見ながら1日1回1さじずつ始める。 ●母乳や育児用ミルクは飲みたいだけ与える。	●1日2回食で食事のリズムをつけていく。 ●いろいろな味や舌ざわりを楽しめるように食品の種類を増やしていく。	●食事リズムを大切に、1日3回食に進めていく。 ●共食を通じて食の楽しい体験を積み重ねる。	●1日3回の食事リズムを大切に、生活リズムを整える。 ●手づかみ食べにより、自分で食べる楽しみを増やす。
調理形態	なめらかにすりつぶした状態	舌でつぶせる固さ	歯ぐきでつぶせる固さ	歯ぐきで噛める固さ
1回当たりの目安量	つぶしがゆから始める。 すりつぶした野菜等も試してみる。 慣れてきたら、つぶした豆腐・白身魚・卵黄等を試してみる。			
Ⅰ 穀類（g）		全がゆ 50～80	全がゆ90～ 軟飯80	軟飯80～ ご飯80
Ⅱ 野菜・果物（g）		20～30	30～40	40～50
Ⅲ 魚（g）		10～15	15	15～20
又は肉（g）		10～15	15	15～20
又は豆腐（g）		30～40	45	50～55
又は卵（個）		卵黄1～ 全卵1/3	全卵1/2	全卵1/2～ 全卵2/3
又は乳製品（g）		50～70	80	100
歯の萌出の目安		乳歯が生え始める。	1歳前後で前歯が8本生えそろう。	離乳完了期の後半頃に奥歯（第一乳臼歯）が生え始める。
摂食機能の目安	口を閉じて取り込みや飲み込みが出来るようになる。	舌と上あごで潰していくことが出来るようになる。	歯ぐきで潰すことが出来るようになる。	歯を使うようになる。

※衛生面に十分に配慮して食べやすく調理したものを与える

出典：「授乳・離乳の支援ガイド　2019」より

の支援ガイド」に合わせて離乳食の5カ月から（初期）、7カ月から（中期）、9カ月から（後期）などと月齢が示されています。それは柔らかいピューレ状のものから始まり、それぞれの年齢に合わせた形態を提供するという考え方からです。

ベビーフードとして調理済みの食品が店頭に並び、いつのまにかそれが離乳食の手本のようになっています。「授乳・離乳の支援ガイド」にも市販のベビーフードの食材の大きさ、固さ、とろみ、味付けなどを参考にして家庭で離乳食を作るようにとされています。

そのように書かれていれば、親はそれに近づけるべく努力をするでしょう。そして離乳開始頃の食事は、ピューレ状のものばかりになり、それは赤ちゃんが自分で食べることのできない形態の食べものばかりがテーブルに並ぶことを意味します。

ベビーフードの利点がないわけではありません。鉄やビタミンD、亜鉛など離乳期に不足しがちな栄養素が多く入っているベビーフードもあります。安全や添加物などの基準に関しては国により異なりますが、日本ではベビーフード協議会が自主規格として塩分、添加物、残留農薬、衛生管理など赤ちゃんの安全のための基準を設けて、食の安全を確保しています。

形態に関しても液状、なめらかにつぶした状態、舌でつぶせる固さ、歯ぐきでつぶせる固さ、歯ぐきで噛める固さと画一化されています。

◎ベビーフード生産量の推移

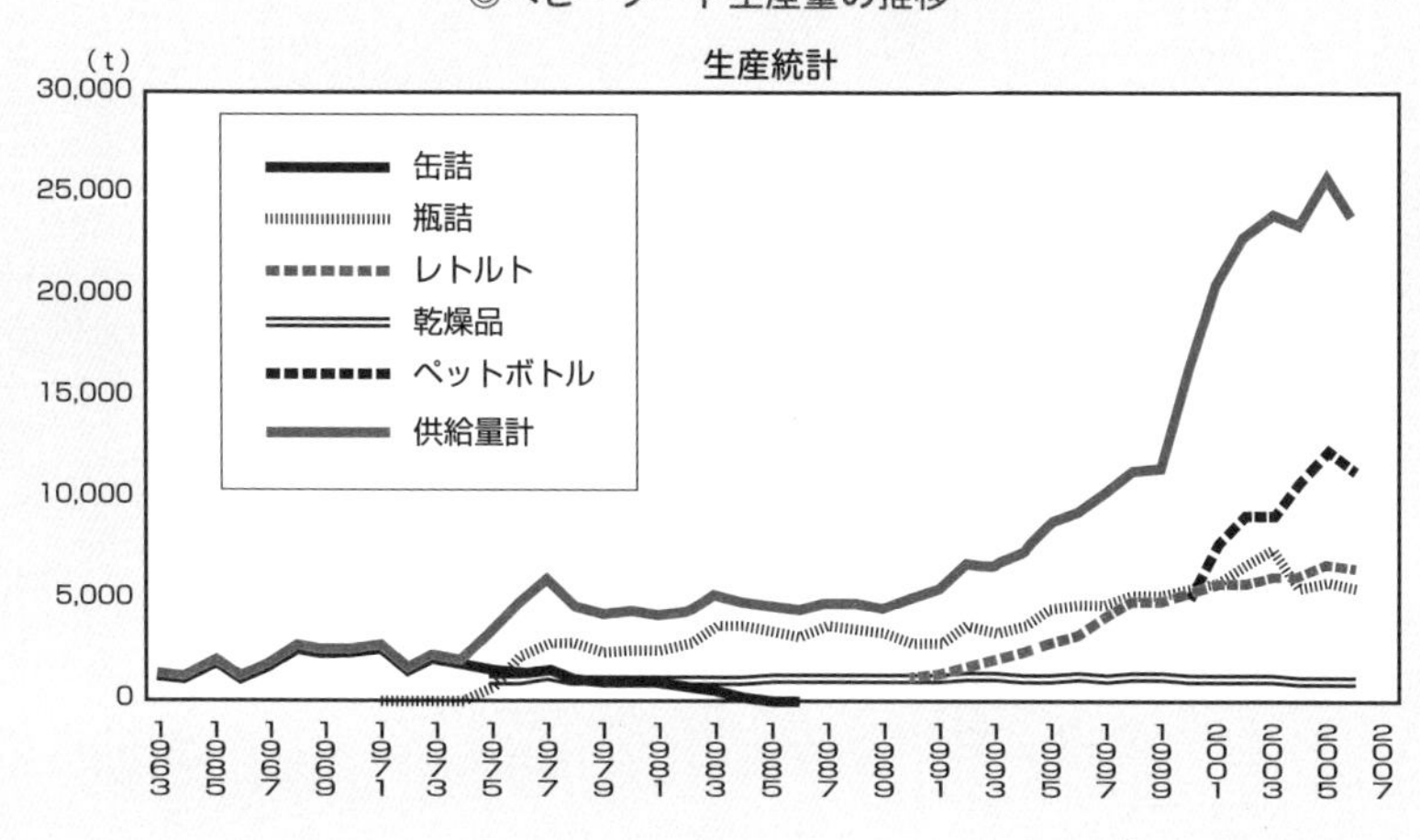

日本ベビーフード協議会資料より

なめらかにすりつぶしたものを赤ちゃんに食べさせるために、親が食べものを裏ごししてピューレ状にするのは、子育てや仕事で忙しいなかでは容易なことではありません。実際に離乳における困りごととして、離乳食作りが大変なことがあげられます。ベビーフードなどの加工食品も上手に使用し、保護者の負担が少しでも軽減されればそれは一つの方法ともいえます。

しかし離乳開始頃の赤ちゃんは、食べさせてもらうことを要求しているわけではありません。親は赤ちゃんが自分で食べたいという欲求を制して、苦労して作ったピューレ状の離乳食を準備して食べさせようとするので、お互いの歯車がかみ合わないのです。本書がすすめる「自分で食べる離乳」ではこのような手間のかかるピューレ状の離乳食を準備すること自体が不要になります。

赤ちゃんが自分で食べるためには、手づかみできる食べものを準備する必要があります。離乳期の手づかみできる食べものとして、赤ちゃんせんべいのようなものは市販されています。これはつかみやすいのですが、口内にはりつき、食べやすいものではありません。

蒸して軟らかくした野菜スティックのような食べものが、手づかみできる離乳食として考えられます。もし本書のような「手づかみで食べる離乳食」という観点から作られた固形の離乳食が市販されれば、それは便利な離乳食になります。すなわち赤ちゃんがつかみやすく、味や安全に配慮したものです。しかしそれは固さや形を画一化することではありません。

◉赤ちゃん主導の離乳（Baby-led Weaning）

外国においても、離乳食は親が食べさせることが中心という、日本と同じような状況の国もありますが、英国などでは、赤ちゃんの主導の離乳が進んでいるようです。ジル・ラプレイ氏とトレーシー・マーケット氏の著書の『「自分で食べる！」が食べる力を育てる　赤ちゃん主導の離乳（ＢＬＷ）入門』（坂下玲子監訳、原書房、

２０１９年）は、本書と同じような考え方です。この本は英国での離乳・離乳食の環境にもとづいて書かれており、文化や社会的背景は違いますが、育児において離乳が赤ちゃんと親にとって重要であることは同じです。本質は赤ちゃんの行動に沿った離乳であるかどうかです。

このような方法は少しも特別なものではありません。赤ちゃんの行動や能力に合わせているだけです。赤ちゃんにまかせれば、自然に手づかみ食べをしようとして離乳を始めます。そのなかで親が適当な食べものを選び、必要に応じてつぶしたり、軟らかくして与えることが自然におこなわれます。

それがいつのまにか、「離乳の開始はすりつぶしたものをスプーンで一口から」ということが絶対的なことのように変化してしまったのが、いまの日本の離乳指導です。赤ちゃんの持っている能力を見れば、手づかみから始まる離乳は自然で、赤ちゃんが自分で食べる離乳となります。このような方法が広がることにより、親の離乳に対する苦労が軽減されると考えます。

◎赤ちゃんはいつから自分で食べるか

通常、６カ月頃から赤ちゃんは自分で食べ始めます。これは平均的な月齢で、早い子どもは4カ月頃から自分で食べます。「そんなに早く自分で食べるの!?」と驚かれるかもしれませんが、乳幼児の発達スクリーニングテストの評価用紙には〝自分で食べる〟あるいは〝ビスケットやクッキーを自分で食べる〟という項目として記載されています（29ページ表）。

いずれの発達の評価法においてもこのような項目は、4~8カ月に記載されており、6カ月くらいが中央値になります。すなわち離乳食が開始されることの多い6カ月には、すでに子どもは自分で食べる行動を起こしているということは、古くから確認されていました。

しかし6カ月の健康診査（6か月健診）のときに、親に「赤ちゃんは自分で食べますか？」と質問をすると、ほとんどの親から「自分で食べさせたことがありません」「経験がありません」という答えが返ってきます。離乳開始はスプーンで一口から始めるということが浸透した社会状況を示しています。

これらのスクリーニングテストが作成されたのは数十年以上前のことです。「改訂日本版デンバー式発達判定法」はそのなかでは新しく、現代でも通用すると考えられます。おのおの作成された時代にかかわらず、スクリーニングテストがほぼ同様の記載であることから、自分で食べる能力は、大きく変化するものではないことを示しています。

◎乳幼児期の発達スクリーニング検査における食べる行動と機能の発達

改訂日本版デンバー式 発達判定法＊	津守・稲毛式 乳幼児精神発達質問紙	遠城寺式 乳幼児分析的発達検査表
4 － 8 か月：自分で食べる	6 か月：ビスケットなどを自分で持って食べる	5 － 6 か月：ビスケットやクッキーを自分で食べる
9 － 17 か月：コップで飲む	7 か月：コップから上手に飲む 11 か月：哺乳瓶、コップなどを自分で持って飲む	6 － 7 か月：コップから飲む 8 － 9 か月：コップなどを両手で口に持っていく 10 － 11 か月：コップを自分で持って飲む
13 － 21 か月：スプーンを使う	12 か月：自分でさじを持ち、すくって食べようとする 18 か月：食事以外は口に入れなくなる 21 か月：ストローでよく飲める	11 － 12 か月：スプーンで食べようとする 18 － 21 か月：ストローで飲む

＊改訂日本版デンバー式発達判定法はおよそ 10%～ 90%の通過率から考えた

6カ月頃の赤ちゃんが自分で食べるためには、赤ちゃんが手で持てる食べものを与える必要があります。そうしなければ赤ちゃんは、自分で食べものを口に運べず、食べることはできません。どのような食べものをどのように与えるかは、社会、文化、習慣などの環境に影響されますが、自分で食べようとしている赤ちゃんに、自分で食べるチャンスを与えることが必要だと思いませんか？

◎食行動を引き出す離乳の考え方

4カ月頃の赤ちゃんは、ものを観察し、つかみ、叩き、投げるような行動がみられます。このような行動は、ものを確認し、自分で食べるための準備をしているようにもみえます。そして指をしゃぶり、つかんだものを口に運びなめる行動がみられるようになります。このような行動をとりながら赤ちゃんは自分で食べることにつなげていきます。

この行動に沿って、赤ちゃんが自分で食べることを支援するのは、決して難しいことではありません。食事の時間に赤ちゃんと一緒に座り、そして手づかみできるものをテーブルにおいてあげる。あとは赤ちゃんにまかせて見守るだけです。

最初は自分で食べなくても気にすることはありません。栄養は母乳や育児用ミルクによって賄われるので心配はありません。赤ちゃんは自然に食べものに興味を持ち、自分で食べようとします。食べさせることでなく、自分で食べようとする行動を支援することに意味があります。

◉離乳はいつから開始するか

日本での離乳の開始時期は、2005年度の調査では5カ月が最も多かったのですが、2015年度では6カ月が44・9％と最も多くなり、少し遅くなる傾向があります。（厚生労働省「平成27年乳幼児栄養調査」〈2016〉）。

離乳開始理由の親へのアンケート調査では、月齢を目安に開始することが最も多く（84・3％）、次に食べものを欲しがるようになった時（49・5％）でした（同調査より）。

赤ちゃん中心に離乳食を考えると、その開始時期は赤ちゃんが決めることになります。しかし実際に離乳食を与えるのは親なので、与える目安は考えておく必要があります。消化管機能や身体的能力などから5〜6カ月頃と考えるとよいでしょう。赤ちゃんは4カ月頃に首がすわり、個人差はあるものの6カ月頃になると支えられることにより座ることができ、自分で食べるための姿勢がとれるようになります。そしてこの頃には手で食べものをつかみ口に持っていくようになります。特に急がなくても、ちょうどこの時期になると食べようとすることが増えます。「自分で食べる離乳」の開始は、「授乳・離乳の支援ガイド」が示すスプーンで食べさせ始める時期の目安と違いはありませんが、方法は異なります。

「離乳の開始は赤ちゃんが食べものを欲しがるようになった時」といわれていますが、離乳食を欲しそうにしているかは注意深く観察してもよくわかりません。

しかし、「自分で食べる離乳」では、準備した食べものを自分で口に持っていったときですから、その判断は簡単です。その時期が6カ月より遅れるからといって、心配することはありません。

「自分で食べる離乳」においても個人差は大きいものです。特に小食の子どもは遅くなる傾向があります。遅くなることを心配して頑張って食べさせようとすると、かえって問題を大きくします。少し体重が少なくても元気であればよいと考えて、無理に食べさせようとしないで見守ってください。

◉離乳の開始は赤ちゃんが決める

「自分で食べる離乳」の開始は5〜6カ月くらいでよいと考えられますが、それは自分の手でものをつかみ、口に運ぶ能力がしっかりしてくる時期に相応します。この頃には哺乳反射が弱まり、消化能力も成熟してきます。早めの子どもは5カ月でも食べようとしますが、あまり早く自分で食べることを促しても、赤ちゃんは積極的に食べようとはしません。

5〜6カ月頃に自分で食べるチャンスを与えるということであり、この時期にすべての子が食べものへの興味を示すわけではありません。「自分で食べる離乳」の基本の考え方は、食べる時期も赤ちゃんが決めるということです。5〜6カ月と目安を示すことにより、その時期を重視されると本書の意図とはまったく反対になってしまいますので、あくまで目安と考えてください。

赤ちゃんの離乳開始頃の栄養は、母乳や育児用ミルクといった乳汁が中心です。しかし栄養が十分だからといって、赤ちゃんに自分で食べる機会を与えずに、乳汁を飲むことだけでは、自分で食べる能力や自立への第一歩を引き出すことはできません。

◎離乳の開始は赤ちゃんが決める

スプーンで離乳食をあげようと始めたけれどうまくいかず、「栄養は乳汁で大丈夫だから」といわれ1歳過ぎまで離乳食を食べないという相談を受けることもあります。1歳過ぎになると新しい食べものに抵抗を示すようになるので、適当な年齢で自分で食べることを進めることが必要です。

「自分で食べる離乳」の開始は体重ではなく、月齢と発達を考慮してください。早産児、低出生体重児の場合は、在胎週数で修正して離乳の開始時期を考えます。体重はあまり目安になりません。また運動発達に遅れがある場合に、離乳の開始を遅らせる場合もありますが、運動発達に合わせて遅らせすぎてもいけません。

親は赤ちゃんが自分で食べる機会を与えるだけです。そのうえで離乳の開始は赤ちゃん

◎赤ちゃんの「食べたがっている」サインとは？

が決めます。

◉赤ちゃんが食べたがっているサイン

離乳食の開始時期の調査でも、〝赤ちゃんが食べものを欲しがったら開始する〟とする親も多くみられます。しかし赤ちゃんが離乳食を欲しがっているかを判別することはできません。離乳開始時期の赤ちゃんが食べたがるように見えたとしたら、それは乳汁を欲しがっているということです。そして食べものに興味を示したとしても、赤ちゃんが食べさせてほしいと思っているわけではありません。

赤ちゃんが〝ぐずる〟のは空腹のサインのときもありますが、不快を訴えているときもあります。唾液を流して口をもぐもぐしたり口に手をもっていったりする行動は、空腹のときにみられますが、そのときに欲しいのは母乳や育児用ミルクで、離乳食を食べたがっているサインではありません。だから空腹時にスプーンで離乳食を食べさせようしても、嫌な顔をするだけです。離乳開始時期の赤ちゃんは、母乳や育児用ミルクで空腹を満たしたいのです。

赤ちゃんが食べものや周りの食べている様子に興味を示すことはよくあります。最初はものに興味を示すだけのことなのでしょう。それをなめたりかじったりするところから、いつの間にか食べることにつながります。ですから赤ちゃんが食べたがっていることを判断して準備することは重要ではありません。赤ちゃんはテーブルに置かれた食べものにいつの間にか興味を示し、自然に口に持っていきます。それが食べようとしているサインです。

スプーンを押し出そうとする舌挺出反射

舌挺出反射（ぜっていしゅつはんしゃ）は、親がスプーンなどを赤ちゃんの口に入れようとするときに、赤ちゃんが外から入ってきたものを舌で押し出そうとする反応です。これにより離乳開始時の赤ちゃんに食べさせようとするとスプーンを押し出され、親は悩まされます。この反射は6カ月以前の赤ちゃんにみられ、乳首以外のすべてのものを危険物とみなして排除しようとしているためと考えられています。スプーンと違い人工乳首は母の乳首と似ているので、赤ちゃんは騙されて受け入れやすくなっています。

6カ月頃になると舌挺出反射や哺乳反射も減弱してきますので、食べさせやすくなる時期といえます。

しかし親がスプーンで食べものを口に持っていくのと、自分で食べものなどを口に持っていくのとでは、赤ちゃんの反応はまったく異なります。自分の手で食べものを口に持っていこうとしたときに、舌挺出反射は出ません。ですから自分で食べることにおいては、舌提出反射がまだ残っているかは問題にならないのです。舌提出反射の消失が気になるのは、食べさせようとしたときにだけなのです。

◎「親が食べさせる離乳の支援」の誤り

離乳食を親がこれだけ食べさせたいとか、このように食べてほしいということではなく、赤ちゃんが自分のペースで食べることが大切であることは誰もがわかっています。それにもかかわらず離乳の支援は、「親が」どのように食べさせたらよいかの支援になっており、医療や保健関係者の指導も、準備する食べものの種類や食べさせ方が中心になります。

◎6カ月前の赤ちゃんには、スプーンを押し出す舌挺出反射が起こりやすい

つまり、いつから、何を、どのように食べさせるのがよいかに重点が置かれるため、食事の形態や量などに関心が向き、いつのまにか食事に対する赤ちゃんの気持ちは後まわしになっています。

大人にも食べる量や食べ方や食事の好みに違いがあるように、離乳の進み方も赤ちゃんによって違います。このことを頭では理解していても、赤ちゃんに食べさせるとなると苦労する親が大勢います。それは理想的な離乳食を作って食べさせようとしても、赤ちゃんが食べたくない時は食べずに嫌がるからです。

授乳・離乳の支援は、授乳や離乳を通して、母子の健康支援の維持とともに、親子のかかわりが健やかに形成されることが大切であり、乳汁や離乳食といった〝もの〟に目が

向けられるのではなく、一人ひとりの子どもの成長・発達が尊重される支援であることを再認識しましょう。

それは赤ちゃんが「自分で食べる離乳」においても、「親が食べさせる離乳」においても変わりありません。しかし赤ちゃん中心に考えて「自分で食べる離乳」をすめるのは、そのほうが離乳はスムーズに進み赤ちゃんも親も快適だからです。

◎「離乳食は空腹時にあげる」の誤り

「授乳・育児の支援ガイド」に書いてあるとおりに、親は授乳前の赤ちゃんがお腹をすかせたときに離乳食を食べさせようとします。しかし、スプーンを口元に持っていくと、赤ちゃんは不機嫌になり食べようとしません。親は「お腹がすいているはずなのになぜだろう」と不思議に思うかもしれません。初めての離乳食だから慣れていないことも一つの理由ですが、もっと大きな理由があります。

それは、前述したように離乳開始時の赤ちゃんが空腹時に欲しがるのは、経験のない離乳食ではなくいつも飲んでいる母乳や育児用ミルクだからです。満腹のときに離乳食を出されても、赤ちゃんは食べようとしませんが、空腹の赤ちゃんも早く母乳や育児用ミルクが欲しいので、やはり食べようとしません。

◎離乳食には、２つの大きな意味がある

それでも多くの赤ちゃんは、離乳食に慣れると空腹時に離乳食を食べるようになるので、親は離乳開始時に食べさせることに苦労した理由に気付かないかもしれません。

◎離乳は自立への大きな一歩

離乳は子どもにとって２つの大きな変化を意味します。

１つ目は、液体の乳汁を飲むことから固形物を食べることへの変化であり、それによって食物の形態と栄養源が変わります。

２つ目は、飲ませてもらうことから自分で食べることへの移行です。それは乳汁を飲ませてもらうことから、自分の手で食べものを口に運び、自分で栄養をとるという自立への過程です。

ですから上手に親が食べさせてあげ、赤ちゃんは食べさせてもらうという関係の継続だけでは不十分です。離乳は親子でコミュニケーションをとりながら赤ちゃんが自分で食べる行動を引き出し、楽しい食事であることが大切となります。

◎「離乳食はスプーンですりつぶしたおかゆを一口から」の誤り

多くの親は離乳食の開始にあたり、すりつぶしたおかゆをスプーンにのせて赤ちゃんの口に運び食べさせようとします。赤ちゃんにしてみると初めて近づけられたスプーンはいったい何であろうかと驚き、警戒します。親が優しく声をかけても、赤ちゃんは今までに経験したことのない得体のしれないものを嫌がり、それを排除しようとします。そして親子でパニックになります。

そもそもスプーンで食べさせてもらうことは、大人でも難しいことです。それは大人が自分でスプーンを使って食べるときと他人から食べさせてもらうときの違いを想像してみればよくわかるでしょう。自分でスプーンを口に運ぶ時には、スプーンからの距離などの様々な感覚情報を無意識に受け取っています。しかし他人からスプーンで食べさせてもらうと、スプーンを目で追って顔の向きや距離を必死で調整しなくてはならず、大人でも食べることがもどかしく感じられます。

ましてや赤ちゃんは、親に「これは軟らかいおかゆだよ」と声をかけられ、見せられても、まだ言葉を理解せず経験のない赤ちゃんにとっては大した情報になりません。親が声をかけることや食べものを見せることが無駄であるということではありません。食べものを見せて言葉をかけても、自分で食べたことのない赤ちゃんは食べる準備ができるわけではないということです。

それに比べ赤ちゃんが「自ら食べる離乳」では、固形の食べものを手づかみで始めるために、赤ちゃんは手と口の距離感や、大きさ、硬さ、形などを感じながら準備をします。自分で口に持っていくのですから、心の準備はしっかりできています。そして食べることに挑戦し経験していきます。

◎ピューレ状の食べものは噛めない

スプーンで食べさせてあげる離乳食はピューレ状のものから、小さな軟らかいもの、少し大きな硬めのものへと進めるようにとされています。しかしピューレ状の食物は噛む必要がありません。

もちろん硬いものを噛むには臼歯が必要で、臼歯のない赤ちゃんは硬いものは食べられません。しかし軟らかい食べものは、固形であっても歯ぐきや舌でつぶすこと

◎ピューレ状のものは噛む必要がないため、
いろいろな食べものを受け入れる経験ができない

ができます。

離乳期から赤ちゃんが咬みとることや噛みつぶす必要のある食べものを経験し、口の中で処理することを学ぶのは決して無理なことではありません。

そして様々な食物の形態を唇や舌や歯ぐきなどで感じることは、いろいろな食べものを受け入れることにも役立ちます。同時に手指や視覚などからの情報に、このような口腔内の感覚を統合しています。そして何種類かの食物形態が混在するものや外側と内側の形態が違うものなど複雑な食べものの処理も経験により学んでいきます。年齢が上がれば、硬い肉や骨や種子を排除することなどもできるようになっていきます。

しかし、いつまでも同じピューレ状のものを食べさせていたのでは、このような経験を積むことができません。

　赤ちゃんに噛むことのできる食べものをまったく与えなければ、飲み込む練習ばかりしていることになり、それは顎の発達にも影響するかもしれません。

赤ちゃんは手づかみで食べる

　6カ月頃の赤ちゃんは、手に届く所にあるものをつかんで口に持っていく習性があります。それがティッシュペーパーやボールペンであっても口に運びます。そのようなときに親は「それは食べものじゃないでしょ」と優しく取り上げます。

　このようなことを繰り返すことは、親が意図していなくても、自分の手でものをつかみ口に運ぶことがいけないことであると子どもに教えているようなことになります。そしてものの区別のつかない赤ちゃんは、自分で食べものをつかんで口に持っていくのはいけないことだと感じるかもしれません。もちろん、危険なことはすぐにやめさせる必要がありますが、身の回りにあるものを手や口で確かめることは、子どもの発達にとって重要な意味があるのです。

　スプーンで食べさせようとするときに赤ちゃんが手を出すと邪魔になるので、親は手を出されないようにコントロールしがちです。このように繰り返し食べさせていると、赤ちゃんは手を出さずに上手に口を開けて、親が食べものを口に運んでくれるのを待つようになります。

これでは赤ちゃんの能力をまったく引き出せていません。伸ばすべき赤ちゃんの食行動は食べさせてもらうために上手に口を開けることではなく、手を使って自分の意思で食べようとすることです。ですから食行動を育てるには、赤ちゃんが手づかみで自分で食べることが中心になります。

「食べさせること」が中心の離乳からの脱却

親が食べさせる離乳では、親は赤ちゃんのそばに座り、スプーンの一口に注意を注ぎます。量も種類もペースも親が決めて、赤ちゃんは一方的に食べさせられる食事になります。これでは親子にとって緊張した食事の時間になります。

それでも赤ちゃんはおとなしく食べさせられることを受け入れるかもしれません。しかし主張の強い赤ちゃんは拒否し、親との闘いになります。抵抗する赤ちゃんに親が勝利すれば、赤ちゃんはいやいや食べさせられることになります。もし赤ちゃんが勝ち、親があきらめたなら離乳食を食べないということになり、母乳や育児用ミルクだけの生活になります。そして離乳食を食べないという問題と苦労は、先送りになります。

食事に積極的でない赤ちゃんに食べさせようとするときに、玩具やテレビ、タブレットで気を散らすと食べる量が増えることがあります。しかしこれでは玩具や映像でごまかしているだけで、食事を楽しめておらず、一時的に始めたことから抜け出せなくなることもあります。

◉離乳開始時のつまずき

乳汁以外の食べものへの挑戦は、赤ちゃんにとって大きなステップです。哺乳が順調でも離乳でつまずくことがあります。その原因の一つが、離乳開始時にスプーンで食べさせようとすることです。離乳開始時の赤ちゃんは親が口元に近づけたスプーンや食べものを受け入れようとせず、口を閉じて拒否します。

赤ちゃんは自分で指しゃぶりやいろいろなものを口に持っていくにもかかわらず、食べものを乗せたスプーンを口に近づけると顔をそむけ、手で払いのけようとして嫌がります。親の食べさせたいという気持ちとは反対に、赤ちゃんの警戒や拒否が強くなります。一部の赤ちゃんはその後もスプーンを受け入れないため離乳が進まず、保健センターや小児科医へ相談することになります。

◉離乳開始時のつまずきへのアドバイス

離乳がスムーズにいかないと、親はインターネットや本で情報を探し、保健センターや友人にアドバイスを求めます。「楽しい雰囲気をつくり、無理をしないで少しずつ

◎手づかみで離乳食を食べることで赤ちゃんは自由になり、
親は食べさせる努力や苦労から離れられる

様子をみながら進めましょう」といわれ、離乳食の簡単な作り方などのアドバイスを受けることがほとんどでしょう。

そのアドバイスに従って、親は無理せずに繰り返し食べさせようと頑張ります。しかし状況を悪化させ、赤ちゃんが食べることを拒否することにもつながります。親はせっかく準備した離乳食を食べてくれないことが続いて落胆し、大きな不安を抱えたつらい育児になります。

離乳開始時は食べさせようとしてもうまくいかないことが多いのです。それは赤ちゃんが母乳や育児用ミルク以外のものを食べるという、新しい行動の準備ができていないからです。そのような状況では食事における親子のコミュニケーションがとれず、赤ちゃんが自分で食べようとする食行動も引き出せない状態になります。

　自分で食べた経験のない離乳開始時の赤ちゃんにスプーンで食べさせてあげることは、誰がやっても大変難しいことです。このような悩みへのアドバイスは「そんな難しいことから始めないで、手づかみで自分で食べることから始めましょう」ということであり、それは無理に食べさせようとせずに見守ることです。赤ちゃんは自由になり、親は食べさせる努力や苦労から離れられ、食事のたびに赤ちゃんに拒否されて否定された気持ちになることもなくなるでしょう。

　離乳開始時に赤ちゃんが警戒するのは自然なことであり、赤ちゃんが食べものを受け入れるためには、警戒心が取り除かれることが必要です。それは親が準備した安全な食べものを自分の手でつかみ、口に持っていき、それが安全であることの確認をする経験を積むことです。この手づかみを十分に繰り返すことが、離乳のつまずきを減らし、スムーズに進めることにつながります。

　そして自分で食べものを口に持っていく経験を十分にすると、ほかの人から食べさせてもらうことも受け入れやすくなります。さらに手と口との協調や微細運動の能力を向上させ、フォークやスプーンを使うことにつながっていきます。

◉食行動を引き出す離乳

乳児期の食行動には、〝自分で食べる〟と〝食べさせてもらう〟という異なった行動があります。離乳をスムーズに進めるには食べる意欲を育て、自分で食べる食行動を引き出すことが大事です。6カ月頃の赤ちゃんは阻害する要因がなければ、手に持ったものを自然な行動として口に運びます。親は注意しながら、見守るだけです。ただし素質として食べることに積極的な子とそうでない子がいるので、その特性を理解して支援することは必要です。

スプーンで食べさせることのすべてを否定するわけではありません。スプーンより簡単な手づかみを離乳開始時からおこなうことが大切なのです。手づかみの経験を十分におこなうとスプーンの受け入れもよくなり、併用することもできます。

赤ちゃんは固形の離乳食を与えられることにより、手づかみで食べることを楽しみながら様々なことを学びます。そして自分で食べるという食行動が引き出され自立へと進みます。しかし今の離乳食はピューレ状のものから始めることになってしまっているため、赤ちゃんが自分で食べる機会が奪われ、長期間にわたり親がスプーンで食べさせてあげることが中心の離乳となっています。

◎赤ちゃんの運動機能と手指の発達

運動機能の発達	手足を自由に屈曲させる	首が座る。支えられて座る	自分で座り始める	自分で上手に座る
手指の発達	手全体でものを握る	手の平を使って円柱状のものを握る	親指とほかの指でつかむ	親指とほかの指でつまむ

◎赤ちゃんの食べる機能の発達

赤ちゃんの運動機能は、首が座り、寝返り、お座り、ハイハイ、独り立ち、歩行へと発達します。それと同様に食べる機能も発達していきます。赤ちゃんが哺乳するための準備は、胎生期から始まっています。胎児の超音波検査では、赤ちゃんは指しゃぶり様の動きをし、羊水を飲み込んでいる様子が観察されます。満期で生まれた赤ちゃんは、生まれたときから吸啜(きゅうてつ)反射があり、乳房から乳汁を搾り出し上手に哺乳します。

このような生まれつき備わっている哺乳能力とは異なり、自分で食べる機能は生後に獲得していきます。

3カ月頃の赤ちゃんは、指や手を眺めしゃ

◎赤ちゃんの食べさせてもらうときの機能と食べる行動の発達

		5〜6カ月	7〜8カ月	9〜11カ月	12カ月〜
食べさせてもらう機能の発達	哺乳	離乳初期	離乳中期	離乳後期	離乳完了期
		なめらかにすりつぶした状態	舌でつぶせる固さ	歯ぐきでつぶせる固さ	歯ぐきで噛める固さ
			押しつぶし機能	すりつぶし機能	咀嚼機能の獲得
自分で食べる行動の発達		自食準備			
				手づかみ食べ機能獲得（固形物）	
					食具食べ機能獲得 フォーク、ストロー、スプーン

月齢は目安であり個人差が大きい。色々な食物形態を経験することにより、食べる機能と行動を獲得する。

ぶります。そして手に触れたものを握る把握反射が見られ、握ったものをしゃぶります。

4カ月頃になると興味のあるものに手を伸ばし、握ったものを口に運び確認するような動作がみられます。

6カ月頃にはつかんだものを上手に口に運びます。そして食べものをかじり、なめます。口に入った食べものを歯ぐきで噛み、舌を使い、何とか処理をして飲み込もうとします。さらに生え始めた歯で食べものを咬み取ります。

9カ月くらいになると指先の運動機能も向上し、親指と人差し指で小さいものをつまめるようになります。この間に赤ちゃんは哺乳と自分で食べることの違いも経験して学びます。

食べる機能の発達に明確な段階はありませ

んが、舌や口唇の動きや食物の形態を関連づけて初期、中期、後期に分けられます。しかし最初から固形物を手づかみで自分で食べる離乳を考えると、食物の形態で分ける意味はほとんどなくなってしまいます。

自分で食べることを進めるには、舌や口唇の動きなどの細部を評価する前に、行動の評価が大切になります。食行動の発達は、自分の手で食べものをつかむことから、口に食べものを運び食べようとすることへの変化になります。舌や口唇の動きなど細かな部分の評価は、食べさせてあげるときに必要な評価と支援になります。

◉赤ちゃん中心の離乳の利点

離乳で苦労するのは、赤ちゃんが素質として小食の場合と、食事が赤ちゃんのペースで進められていない場合がほとんどです。いずれの場合においても赤ちゃん中心の離乳は、赤ちゃんが自分で食べる量や種類やスピードを決めるため、赤ちゃんが楽しむ離乳になります。そして赤ちゃんが楽しく食べることで、親も赤ちゃんの食事の時間が楽しくなります。

赤ちゃんに授乳したり離乳食を食べさせながら親が自分の食事をすることは難しいことですが、赤ちゃんが「自分で食べる離乳食」は、赤ちゃんにまかせる部分が大きいので親子が一緒に食べやすくなります。それにより赤ちゃんは自立した気持ちになるのかもしれません。また食べさせるために特別な離乳の時間をつくるより、一緒に食事をとることでコミュニケーションが増えます。

赤ちゃんは自分で食べることにより、味や匂いだけでなく五感を使い、食べものの硬さや大きさ、形、色、触感など様々なことを学びます。それに比べてなめらかにすりつぶした離乳食は、食材は違っていても同じように加工されたピューレ状のものが並び、大人でもその外観から食材が何かはわからず、食べても味から判断できないことすらあります。自分で食べる離乳食と食べさせてもらう離乳食では、赤ちゃんの経験がまったく異なります。

◉親の食事は赤ちゃんにも影響する

親子で一緒に食べる離乳は、親が楽しく笑顔で食べることが大切です。親が嫌いな食べものは、赤ちゃんも嫌いになる可能性があります。そして準備されるものは、親の食べているものに影響されます。

親と同じものを分け与えて食べさせるといっても、朝食にスナック菓子を食べている親が、それを分け与えたら問題です。また親の食べているものが、すべて安全に食べられるとは限りません。赤ちゃん用に準備しアレンジする必要があります。

だからといって、時間をかけて赤ちゃん用に裏ごしをした離乳食やピューレ状の離乳食をつくってほしいということでもありません。また便利な市販の離乳食をいつも購入すると出費がかさみますし、6カ月の赤ちゃんが手で持てる離乳食は売られていません。

手でつかめる軟らかい食べものは、料理が得意でない人でも野菜を電子レンジで蒸すことにより簡単に作れ、さませばそのまま食べさせることができます。

親の食べものをアレンジして与えることは、時間的、経済的にも負担を軽減します。最初は食べるわけではありませんので、興味を示しそうなものを1つ2つ準備するだけで十分です。

◎自分で食べることは自信につながる

赤ちゃんが遊びで玩具をつかむことより、手づかみで食べることから得られる経験はずっと多いでしょう。つかんだ食べものを握りつぶしたり、落としたりして、上手に食べられないという失敗もあります。そして上手に食べられたときは、おいしいという快感とともに大きな成功体験になります。

楽しい食事は脳の報酬系に働き、赤ちゃんは気持ちよさを感じます。それは自信や満足感につながります。そのようなときの赤ちゃんは自慢気な顔をしているようにもみえます。

◉食べる量の心配

飲む量や食べる量は個人差が大きく、たくさん食べる赤ちゃんと、小食の赤ちゃんがいます。母乳や育児用ミルクを飲む量は赤ちゃんの要求にまかせ、そこに離乳食が加わります。赤ちゃんが自分で食べる離乳では、たくさん食べることではなく、赤ちゃんが食べる量を自分でコントロールできるようになることを目標にして、親はそれを支援する気持ちで関わるとよいでしょう。

食べる量が少ないことで、離乳がうまく進んでいないのではないかと悩む必要はありません。自分で食べるという行動が引き出せ、元気で健康であることが大切です。「少しでも多く」と考え、頑張って飲ませたり食べさせようとしても、結局は赤ちゃんが自分のペースで1日の飲む量や食べる量を決めます。

そして赤ちゃんにとって楽しい食事になることが、食事量が増えることにつながります。特に離乳開始頃は母乳や育児用ミルクを飲むことが中心なので、離乳食を何口食べたなどと細かすぎるチェックをする必要はなく、赤ちゃんの体調や体重の推移を見守れば大丈夫です。

◉赤ちゃんの体重の増加

赤ちゃんの体重の変化は親にとって気にかかることの一つです。特に体重の増えが悪く、平均を下回ると悩みの種になります。しかし、平均以下の赤ちゃんは、赤ちゃん全体のおよそ半数いるので、少し体重が少ないからといってすぐに心配することはありません。体重の経過は身長とともに「母子健康手帳」などに記載されている成長曲線に記録し、気になることがあれば小児科医と相談することが大切です。

赤ちゃんにはそれぞれの体格や体質があり、体重の少ない子は食への素質としても小食のことが多く、心配を増長させます。元気な赤ちゃんでも、体重の増えが少なく、標準曲線から外れることがあります。特に低出生体重児や在胎不当過小児(small-for-gestational-age：SGA) の赤ちゃんは、体重増加が悪いことがしばしばみられます。

そのようなときに親は不安を感じて保健師や医師に相談し、赤ちゃんの栄養状態を気にしながら経過をみることになります。そして少しでも体重を増やすためにアドバイスや検査がなされますが、かえって赤ちゃんは飲むことや食べることにストレスを感じるようになることもあります。

体重や体重変化は健康のための重要な指標であり、気にしなくてよいということではありません。しかし体重増加だけに注目するのではなく、哺乳や離乳のこと、発達や発育も含めて心配な点があれば、総合的に判断できる小児科医に相談してください。

第3章

味覚と食行動の発達

胎児期、新生児期の味覚や嗅覚についても数多くの研究がなされ、それらの感覚は胎児期から存在することがよく知られています。このような面からも、すでに胎児期から食行動が始まっているともいえます。

動物の赤ちゃんの研究では、味を感じる味蕾(みらい)は軟口蓋(なんこうがい)にもっとも多く存在するといわれています。ここはちょうど母乳が流入する場所であり、その味を感じるのに適した位置とされています。成熟に伴い軟口蓋の味蕾はほとんど消失し、成人と同様に舌が味蕾の主要な存在部位になります。

味蕾には、新生児期から塩味、甘味、苦味、酸味、うま味を区別するための受容体があり、味を感じるようになっています。そのなかでも赤ちゃんは酸味や苦味に敏感で、避けようとします。酸味は腐った食物や熟していない果物を推測させ、苦味はアルカロイド（植物）のような毒素を回避することが、遺伝子に組み込まれていると考えられています。

酸味のあるトマトや苦味のあるピーマンなどがその代表であり、子どもはこれらを嫌います。しかし、今では甘いトマトも数多くありますので、トマトやピーマンを子どもの嫌いな食べものの代表にはできなくなってきたかもしれません。

味覚にはこのような生まれもっての素因もありますが、経験による要素が加わり好き嫌いが形成されます。そこには食べものからの触覚刺激や温度刺激なども含まれます。そして食べものにより入力された感覚刺激が、赤ちゃんにとって〝快〟になるか〝不快〟になるかで食行動は変わります。

私たちの食事はその状況によって同じ食べものでも〝快〟か〝不快〟に変わることを考えておく必要があります。味や匂いが同じ食べものであっても、空腹では〝快〟と感じ、満腹では〝不快〟と感じるかもしれません。入力される感覚刺激が〝快〟と感じられると、次の食行動につながります。特に乳児期は食行動が形成される時期なので、その時だけではなくその後への影響も大きいのです。

◎口は敏感なところ

離乳開始時の赤ちゃんは好奇心が強く、何でも自分で口に入れて確認します。反面、口は体と外界がつながる所であり、警戒の強い場所でもあります。外からの危険を回避するために警戒することは当然のことで、特に新しいものへの警戒は強くみられます。それはまさに離乳開始時のスプーンです。

赤ちゃんが口に近づいたスプーンを嫌がることを、「口や唇の過敏です」と指摘し、それに慣れさせる目的で口のまわりや口の中のマッサージをすすめる人もいます。

しかしこのようなことをおこなうと、赤ちゃんの抵抗が強くなり食べなくなるか、抵抗することをあきらめるかになってしまい、食べることへの積極的な行動にはつながりません。

◉味覚の嫌悪学習

経験が食行動に影響する要因としては、「味覚嫌悪学習」(ガルシア効果)があります。これは、食べると体調の悪くなる物質を含んだ甘い液体を動物に与えることを繰り返すことにより、その動物は甘い液体を飲まなくなるという、食に関する拒否行動をいいます。その動物は甘いものを飲むと体調が悪くなるので「甘いものが危険」と記憶し、生存するために避けることを学ぶと解釈されています。心理学者のジョン・ガルシアらの研究チームが研究した古典的条件付けの一種です。

＊ Garcia J, Koelling R：Relation of cue to consequence in avoidance learning Psychonomic Science4:123-124,1966.

この「ガルシア効果」は1回の経験でも学習されることがあり、しかも長期間持続することもあります。特に経験の少ない食べもので起こりやすく、生きるために必要で慣れた食物では起こりにくいといわれています。このような、経験から学ぶ食物の選択は生体の防御行動の一つであり、動物が生き残るための能力ともいえます。

離乳期の赤ちゃんも食事で嫌な経験をすると、食事への嫌悪が起こることがあります。そのため嫌がる離乳食を頑張って食べさせようとすることは、避けなければなりません。食事の拒否につながることがあるので、注意が必要です。

◉空腹から食行動へ

食行動を考えるには、食欲のメカニズムを理解する必要があります。私たちは空腹を感じると食欲がわき、食べる行動につながり、満腹になれば食べることを止めます。ですから食行動は、空腹・満腹が非常に重要な要素になります。そして食欲は健康を維持するために重要な役割を果たすとともに、体調のバロメーターになります。

健康なときは、食事をしてから時間が経つと胃は空になり、血糖値が下がり空腹を感じます。しかし、空腹状態であれば必ず食欲が出るかというと、そうではありません。たとえば、試験前のストレスのかかる状態やプレゼンテーションで緊張する状況

◎食べる意欲は様々な要因が関係している

では、豪華な食事が準備されていても食欲がわきません。

また大嫌いなものに対しては空腹であっても食欲は起こらず、口に入れようとするだけで吐き気を感じることすらあります。すなわち食欲にとって空腹は最も重要な要素ですが、空腹だけでは必ずしも食行動につながらないのです。

食欲と食行動の関係についてすべては解明されていませんが、食行動は空腹だけではなく、食べものの味や匂い、形、雰囲気などの刺激が味覚、嗅覚、触覚、視覚などを介して〝快〟につながることが大切になります。

食べもの以外の要素としては、体調、環境、時間などのあらゆることが関係しています。そして動物の食行動は安心や信頼、コミュニケーションに支えられているということでもあり、過去の経験も関与しています。

食行動に関わる要因は多彩

食行動に直結する美味しさの感覚には、食品、人、環境などの要因が関わります(64ページ表)。食べるという行為は五感を駆使しておこなわれ、食べものは味覚、嗅覚、触覚、温冷覚、視覚、聴覚などの感覚刺激を引き起こします。

味覚や嗅覚の中枢は脳の扁桃体にあり、触覚、視覚、聴覚などの感覚を統合して、入力された刺激を「快」「不快」「好き」「嫌い」のような意識の評価につなげます。食事から入力された感覚刺激をどのように感じるかということが、おいしさやまずさの感覚になります。

そのため味覚などの感覚や内臓からの不快感の情報は、扁桃体で関連づけられて嫌悪につながります。そして特定の味や食物を無意識に嫌う感覚や行動として脳に記憶されます。その扁桃体を破壊する動物実験では、動物は食行動のコントロールができなくなり、何でも口に入れるような行動を起こすことがわかっています。

食べものを認識するのは味覚だけではないことは、容易に疑似体験できます。

たとえば、同じ食べものでも鼻をつまみ目を閉じて食べさせてもらうことにより、

◎おいしさの構成要因

食品側の要因
- 味（甘・塩・酸・苦・うま味）
- 匂い

化学的因子

- テクスチャ
- 温度
- 外観（色・つや・形・大きさ）
- 音

物理的因子

人側の要因
- 生理的要因（健康状態・空腹度）
- 心理的要因（喜怒哀楽・緊張・不安）
- 背景要因（食経験・食習慣）

環境要因
- 自然環境（温度・湿度・天候）
- 社会環境（宗教・文化・情報）
- 人工的環境（食卓・部屋・食器）

別の食べものに感じてしまうことすらあります。私たちは味や匂いのほかにも五感を通して食べものの種類、硬さ、大きさ、形、温度、水分がどのくらいあるのかなどを認識します。そして食べものに応じて、捕食・咀嚼し、嚥下できる大きさや形に処理していきます。食べる機能を獲得する乳児期には、そのような機能を引き出す食べものが必要になります。

人側の要因には空腹・満腹、体調、心理、経験、食習慣などがあげられます。また環境の要因には、生活環境、温度、湿度、文化などの社会環境などがあります。このような要因がおいしさに対しプラスあるいはマイナスに働くのです。

たとえば、すごく空腹なときに、「イモムシは良質なタンパク源ですよ」といわれてもほとんどの日本人は食べたくなりません。しかし国や文化が異なれば、話はまったく異なります。様々な感覚が脳に伝達され、過去の経験と照らし合わせた総合的な判断が、それぞれの食行動を決めています。

◉腸は脳につながる（脳腸相関）

飲んだものや食べたものは、胃を通って腸に入ります。消化管の一つである腸にはただ食べものを吸収するだけではなく、様々な機能が存在します。それに重要な役割を担うのが腸内フローラ（腸管細菌叢）です。人の腸内には、1000種、100兆個以上の細菌が生息しています。それらは腸内フローラと呼ばれ、大きく有用菌、悪用菌、日和見菌に分類されます。

ストレスや不安を感じると食欲が低下し、胃腸の調子が悪くなることは、誰もが経験しています。ストレスを感じた脳は、その情報を末梢の臓器に伝え、消化管機能に影響を与えます。一方で腸も脳へ信号を送り、脳の情報処理に影響を及ぼします。

脳と腸の情報伝達はホルモンやサイトカイン、自律神経系のネットワークを介しておこなわれ、相互に作用を及ぼし合います。このような脳と腸の関係は「脳腸相関」といわれ、そこに腸内フローラが重要な役割を担うことが明らかになってきました。

◎年齢による腸内細菌叢の変化

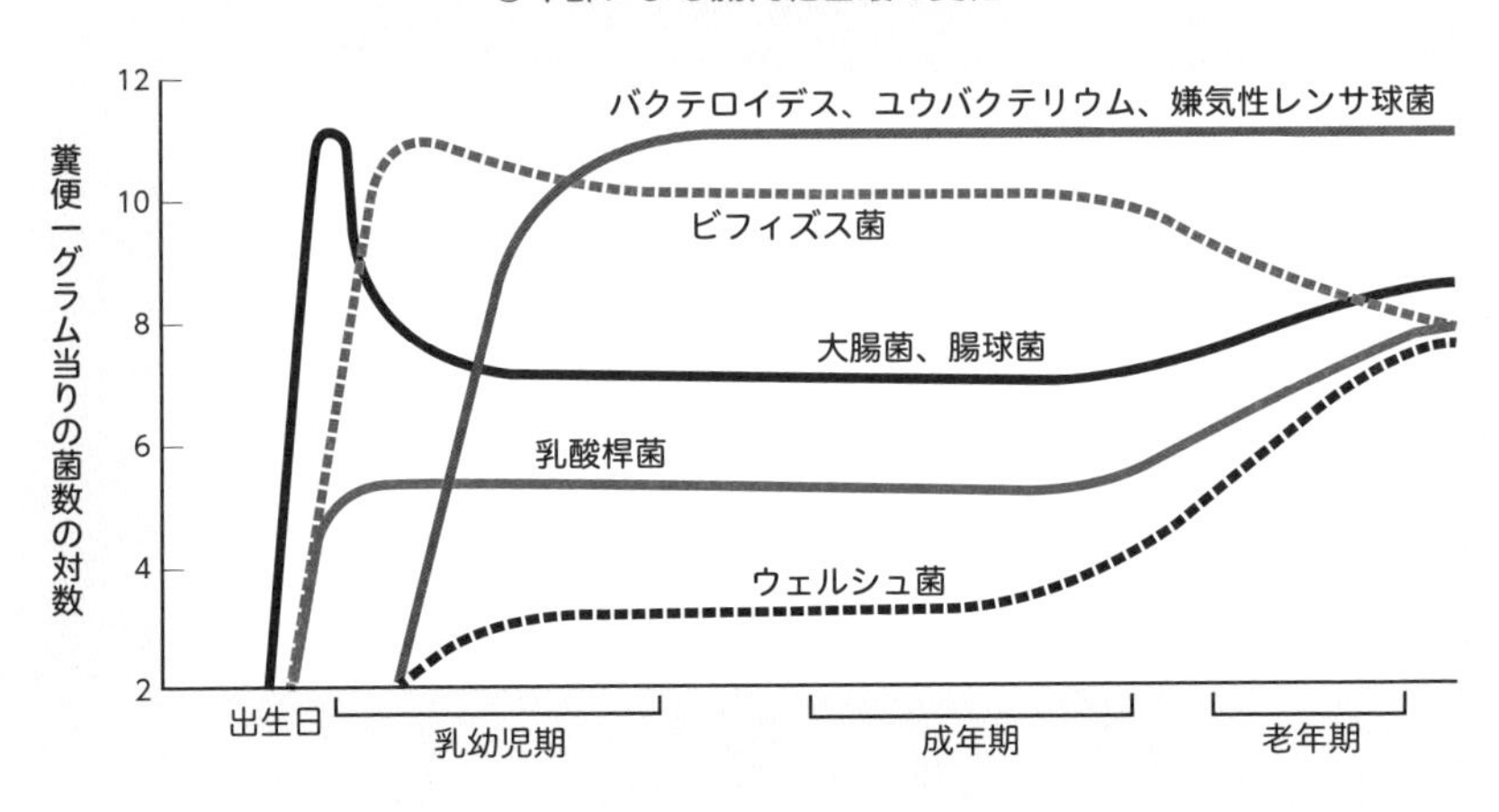

「腸内細菌叢の歩み」光岡知足、腸内細菌学誌　23、113-124、2011

腸内フローラは、身体や精神に影響を及ぼし、免疫、アレルギー、ストレス、不安などに広く関与すると考えられています。

新生児は、出生時や生後の接触や授乳を通して腸内フローラを獲得していくといわれます。生後5日頃の腸内フローラはほとんどが有用菌のビフィズス菌で形成され、その増殖にオリゴ糖が関わっています。

そして、離乳を始める頃から日和見菌や悪用菌も増えます（上表）。腸内フローラはその後の環境によって変化しますが、腸内フローラの状態が、食行動に影響を与える可能性があります。この乳幼児期の腸内フローラは大人になった時にも影響を与えます。

繰り返す嘔吐は食べる意欲を失わせる

1回の嘔吐をするだけでも、その食べものを嫌いになることがあります。まして嘔吐を繰り返すことは大変に不快で苦しいことです。赤ちゃんにおいても、吐き気や嘔吐が繰り返されることは、飲むことや食べること自体を嫌がることにつながります。

嘔吐にはそれぞれの原因がありますので、原因に応じた対応が必要です。激しい嘔吐やぐったりするようなほかの症状を伴う場合は、特別な疾患による嘔吐の可能性があります。ウイルス性胃腸炎、肥厚性幽門狭窄症(ひこうせいゆうもんきょうさくしょう)、脳炎、髄膜炎、腸閉塞、食物アレルギーなど治療を要する疾病がありますので、小児科医の判断を仰いでください。

繰り返す嘔吐には、胃軸捻転、胃食道逆流症、食道狭窄症、呼吸障害、経管栄養などの疾患や病態があり、その対応が必要です。どのような原因による吐き気や嘔吐であっても赤ちゃんは不快であり、嘔吐を繰り返すことは食事への意欲にも影響するので、嘔吐をなくすことが必要になります。

一方で乳児期早期には、溢乳(いつにゅう)といわれる状況がみられます。溢乳は、乳汁を飲んでしばらくして、口角からダラダラと乳汁を出す状況ですが、量が多ければ吐乳(とにゅう)になります。個人差はありますが、多くは1歳頃までに消失します。生理的な状況になるので、嘔吐とは区別して考えるのがよいと思います。

腹這いやハイハイをする年齢では、食後に腹部が圧迫され溢乳や吐乳をしやすくなります。赤ちゃんの乳汁の飲みすぎも原因となります。またゲップとともに吐いてしまうことや、ゲップの後で溢乳や吐乳をすることもあります。赤ちゃんが溢乳や吐乳を起こしやすい理由は、食道や胃の構造が関係しています。下部食道括約筋（胃の入口部）の発達が未成熟で、胃の形状が直線的で容量が小さいことなどがあります。

溢乳や吐乳は、乳汁の飲ませ方で改善できることもあります。哺乳してすぐに横にすると乳汁が逆流しやすく吐きやすいため、溢乳や吐乳をしやすい赤ちゃんは縦抱きで飲ませて、授乳後に赤ちゃんのペースに合わせ、背中を軽くトントンしてゲップを出させるだけでも防げることもあります。

また哺乳瓶を使っているときは、哺乳時に空気を一緒に飲みこみ溢乳や吐乳につながるので、赤ちゃんの姿勢や哺乳瓶の角度に注意して、空気の飲みこみを減らすようにします。またリズミカルに乳汁を飲み、哺乳量が多くなり過ぎて乳汁が胃から押し戻されることもありますので、このようなときは授乳量を少し減らしましょう。

◉早産や病気のある赤ちゃんの離乳

医療の進歩とともに、出生体重が1000グラム未満の早産の赤ちゃんでも元気に成長・発達することが増えましたが、早産児は運動機能や知能、呼吸や循環器、消化管などに問題を伴うこともあります。また障害や疾患を合併して生まれてくる赤ちゃんもいます。そのような赤ちゃんの子育ては、健康な赤ちゃん以上に離乳の悩みを抱えながら始まります。

基本的な考え方は健康な赤ちゃんと何ら変わることはありませんが、それぞれの疾病の知識と理解に加えて食行動と栄養について、より総合的かつ専門的な判断と対応が必要であり、小児科医と相談して進める必要があります。

早産の赤ちゃんの離乳開始は、在胎週数と月齢をもとに、行動発達と摂食機能からその時期を考えます。また合併症も考慮しなければなりません。大きな問題がなく経過した早産の赤ちゃんの離乳の開始は、修正月齢で6カ月頃が目安になります。

栄養としては正期産児と同様に母乳や早産児用ミルク・育児用ミルクが用いられますが、なかには不足する栄養素の補充を考慮するなどの特別な配慮が必要な場合もあります。

ダウン症の赤ちゃんは、合併症や運動発達の経過によって離乳の開始を少し遅らせることが必要な場合もあります。しかし可能な限りスプーンで食べさせてもらう練習ではなく、自分で食べる離乳をめざすことに変わりはありません。

自分で食べることを進めると、赤ちゃんは楽しそうに食べものに向き合い、指先に不器用な面があっても、手や指を使うことで能力を引き出すことにつながります。食べものを十分にコントロールできずに、一時的には詰め込みすぎるようなことがあるかもしれません。しかし気を付けて見守ることにより、経験を通して食べものを上手に扱えるようになります。

消化管に疾患がある赤ちゃんの場合は病態を理解した上で、いつから離乳を開始するかを検討する必要があります。なるべく早く進めたいところですが、消化能力の問題で遅くせざるをえない場合もあります。そのようなときでも、食べる意欲を維持することが大切です。

経管栄養を必要とする場合においては、さらに医療的な対応が必要です。特に注入量の設定は重要であり、健康、食行動、栄養のバランスを考えて進めます。このような状態であっても、楽しく食べることや自分で食べることを進めることに変わりはありません。それぞれの赤ちゃんの能力を総合的に評価し支援することになります。

赤ちゃんが自分で食べる離乳の実際

◎自分で食べるのは自然なこと

赤ちゃんが自分で食べようとすることは、自然な行動であり特別なことではありません。しかしながら、素質として飲むことや食べることに積極的な赤ちゃんと、そうでない赤ちゃんがいます。特に積極的でない赤ちゃんの場合に、親は飲ませ方や食べさせ方が悪いのかと悩み、苦労します。そのような時には、頑張って飲ませようとするのではなく、そのような赤ちゃんもいることを理解することから始めなければなりません。

食行動は経験に影響されるので、能力を引き出す環境を整えることが必要です。食べることに消極的な赤ちゃんでも、手に持った食べものを口に入れてかじることで、楽しい、おいしいと感じる快適な経験が大切になります。手にしたものが処理できなければ、食べることが無理であると学びます。赤ちゃんが自分で食べる環境を準備することが、快適な食事につながります。

◉母乳でも育児用ミルクでも

育児用ミルクに比べて母乳がよいことに議論の余地はありません。世界保健機構（WHO）も少なくとも6カ月までは母乳だけで育てることをすすめています。様々な理由で母乳をあげられない、母乳を飲めない子どもには育児用ミルクを使用することで補います。

また、いつまで母乳だけにするか、離乳をいつ始めるかは、それぞれの生活や社会状況なども関わってきます。哺乳の経験もスムーズな離乳開始に関係します。哺乳期に赤ちゃんが空腹や満腹のサインをしっかり出し、母が感じ取れるという関係ができていると離乳も進めやすくなります。

離乳開始頃の赤ちゃんにとって母乳や育児用ミルクが最も重要な栄養源であり、離乳食が栄養源として代われるものではありません。離乳開始頃に離乳食から摂取できる栄養には限りがあり、離乳食だけで栄養バランスをとることは難しいからです。

何らかの理由で乳汁を飲まずに、穀物中心の離乳食だけになるとしたら、成長や発達によいことではありません。もし哺乳をおこなえずに離乳食だけの食事を考えるとしたら、その状況に合わせて乳製品を中心とした離乳食を考えるなど、栄養に配慮することが必要です。さらには乳製品も使用できない場合は、ほかの食品で補うことも考えます。

離乳食は栄養面で乳汁の補完となります。6カ月以降になると、乳汁だけでは不足傾向になる鉄やビタミンD（母乳の場合）、早産児に不足しやすい亜鉛などを離乳食で補うことがすすめられます。成長の著しいこの時期において、身体に必要な鉄分や骨の成長のためにビタミンDがたくさん必要になるため、母乳に含まれている量だけでは不足気味になるのです。

母乳あるいは育児用ミルクによる育児のどちらを選択したとしても、離乳は栄養の補完だけではなく自立のための行動発達の意味があります。母乳育児でも育児用ミルクを使用する場合でも、赤ちゃんが自分で食べる離乳の進め方には大きな違いはありません。

◎自分で食べる離乳の開始時期

赤ちゃんは生後5～6カ月になると、自分で食べることに積極的になるので、離乳の開始時期に適しています。手の機能、そして周囲への興味など条件が整い、赤ちゃんは自分で食べようとします。

親は赤ちゃんが自分で食べようとすることを邪魔せずに、食べものを自分の手で口に運ぶ機会を与えます。個人差があるので急がせなくても、手づかみできる食べものを準備しておけば離乳の開始は赤ちゃんが決めます。

自分で食べる離乳の場合は、自分で食べようとしなければ、離乳の開始は7カ月、8カ月と遅くなることもあります。成長や発達が順調であれば、あわてることなく自立するための環境を整えて待ちましょう。

赤ちゃんは何でも手に持って口に入れようとしますが、清潔にしなければと神経質になりすぎることはありません。必要な衛生や危険なもの（口を傷つけるもの、毒になるもの、誤嚥しやすいもの、生もの等）には注意しながら、いろいろな食べものの経験をしていくことが大切です。

◉離乳開始の準備

赤ちゃんが自分で食べる離乳では、自分でつかめるものを準備します。離乳開始頃の赤ちゃんは歯が生えていないので、食べものを歯で噛むことはできません。しかし歯ぐきや舌で軟らかい固形物をつぶすことはできるので、そのような食べものを準備します。

◉初めて準備する食べものの基本

6カ月頃の赤ちゃんは、乳汁以外の食べものも消化する能力を備えてきています。準備する食べものは安全で新鮮なものを選びましょう。新鮮だからといって刺身や生野菜、消化しにくいものなどは避けてください。

手づかみでの離乳の開始にはスプーンもいりません。しかし、周囲を汚される覚悟と準備は必要です。栄養のバランスもそれほど気にする必要はなく、その日によって味や固さにばらつきがあっても問題はありません。赤ちゃんは広く許容することができ、拒否する場合も含めて経験になります。

◉手づかみしやすい食べもの

手づかみできるものを準備するといっても、親が自分の食事を作るときに赤ちゃんでも食べられるものを考えておけば、それが便利で楽です。親のものを分け与えるときには、熱い食べものには気を付けましょう。特に電子レンジで加熱したときには、温度にむらがあるので注意します。

◎離乳食の調理時に気を付けること

●衛生	新鮮で安全な食材を選び、加熱調理したものが基本。 食器や調理器具はよく洗って衛生に心がける。 手洗いをおこなう。 しかし神経質になりすぎることはない。
●固さ・大きさ	舌、歯ぐき、顎を使って噛める程度のもの。 固さ・大きさに変化も必要（自分で食べるために、つかみやすいもの）
●味付け	素材の味をいかした薄味が基本。 生活や文化に合わせた食事も大切。
●温度	加熱後に高温にならないように注意。
●栄養	離乳開始時は乳汁が中心になる。 鉄やビタミンDなどの６カ月頃から不足気味になる栄養の摂取に心がける。

食べものの大きさは、赤ちゃんが握りやすい太さで、握ったときに手からしっかりと出る長さにします。１～２㎝くらいの太さで、長さが５～７㎝程度に細長く切ったものが持ちやすいです。

実際には細かく考える必要はなく、赤ちゃんに握らせればその赤ちゃんの握りやすい大きさは、すぐにわかります。食べものの固さは軟らかすぎると赤ちゃんが握りつぶしてしまい、固すぎるものは処理ができません。軟らかいアスパラガスやブロッコリーのように茎が持ち手になるようなものもつかみやすいのですすめられます。

赤ちゃんが最初からしっかり食べることはなく、手に持ち少しなめるだけかもしれません。そしてほかのことに注意が向き、食べものを手から離します。このようなことをしているうちに上手に口に運ぶようになります。思うように食べられなくて赤ちゃんがイライラしなければ繰り返して

◎離乳食に便利な食べもの（最初からムシャムシャ食べることはありません！）

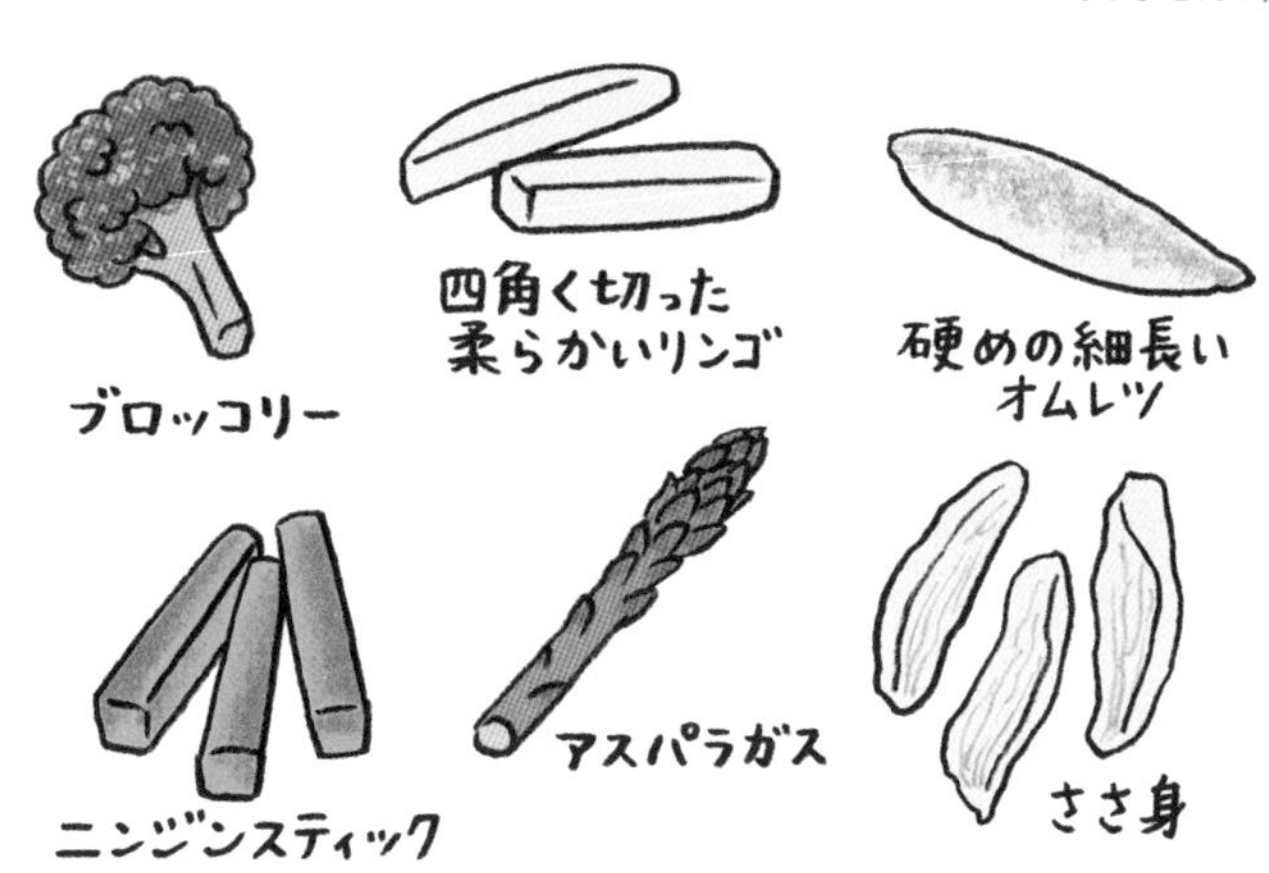

もかまいませんが、不機嫌になるようならば次の機会にしてください。

赤ちゃんは食べる経験をするうちに食べものを手で持ち続けられるようになり、手づかみで上手に食べるようになります。

乳児期後半になると、食べものを意識的に放り投げ、親に拾ってもらうことを遊びとすることもあります。そのような場合は、あまり繰り返さずに適当なところで終わらせます。

◎離乳開始時に赤ちゃんが自分で食べるための食べもの

次ページの表は、赤ちゃんが自分で食べる離乳に使いやすい食材です。その他の食品の調理例についても、簡単にまとめました。

◎赤ちゃんが自分で食べる離乳向けの食品（処理能力を考慮して選ぶ）

野菜	野菜は離乳開始時には最も使いやすいものの１つです。細長く握りやすい大きさにして、蒸す、ゆでる、焼くことにより火を通します。栄養的にはゆでるより蒸すほうが優れています。そのまま蒸したりゆでたりして使いやすいものには、カボチャ、ジャガイモ、サツマイモ、ニンジン、ベビーコーン、ブロッコリー、ナス、アスパラガスなどがあります。
パン	ちぎりやすく調理する必要もなく使いやすいです。スティックパンのような長めのものはつかみやすくて便利です。赤ちゃんは握りつぶすので軟らかすぎると扱いにくいでしょう。蒸しパンのようなものは、口の中で塊になり食べにくいです。パンには塩分や糖分の多いものがありますので注意しましょう。
麺	細い麺は離乳食開始時期の赤ちゃんにはつかみにくいです。少し経験すると、太めのうどんなど頑張って食べようとします。
米	おかゆはつかみにくいです。普通のご飯は粘り気があり手にくっつくため、散らかされやすいでしょう。
卵	卵焼きやオムレツなどにするとつかみやすいです。
肉	肉は軟らかくすることが必要です。鶏肉のささ身は扱いやすく、繊維に沿って切ると握りやすくなります。豚肉や牛肉はそのままでは噛みきりにくいですがナゲットなどにすれば握れます。不足しやすい鉄は、肉やレバーや卵などに多く含まれています。
魚	魚は口の中ではほぐれやすいですが、そのままで手づかみするとバラバラになります。良質なたんぱく質や健康によいとされるＥＰＡ、ＤＨＡなどの多価不飽和脂肪酸や微量元素などを多く含んでいます。
豆腐	固めの絹ごし豆腐などは、しばらくすると上手につかむようになり便利に活用できます。
果物	適当な大きさに切る必要があります。リンゴはよく使われ、しゃぶりやすいですが薄くすると小さく割れやすくなります。電子レンジを使って軟らかくすると食べやすくなります。バナナは手づかみには少し軟らかすぎますが、力の調整ができるようになると上手につかめます。
赤ちゃんせんべいやボーロ	赤ちゃんせんべいは握りやすいのですが、口に入ると唾液を吸いとり、くっついて食べにくいです。ボーロは丸く小さいためつかみにくく、そのまま飲み込むとつまる心配があります。またデザートのような甘いものやお菓子を積極的に与える必要はありません。
ピューレ状のような食べもの	手づかみで食べることは難しいですが、しばらくすると赤ちゃんはおかゆやヨーグルトのようなものでも、容器から直接手で食べようとするようになります。またパンや野菜などにつけて与えることもできるようになります。そのうちに親のまねをしてスプーンなどの道具を使いたがるようになります。 もしスプーンで食べさせてあげることを併用するときには、この形態から始めるとよいでしょう。
飲みもの	赤ちゃんが母乳や育児用ミルクを飲んでいるときは、特別な水分補給は必要ありません。離乳が始まっても、500ml ～ 600mlの乳汁が必要です。フォローアップミルクは母乳代替食品ではなく、離乳が順調に進んでいる場合は使う必要はありません。 牛乳を飲みものとして与える場合は、１歳を過ぎてからにします。みそ汁で塩分が多くなるならば、みそを入れる前のだしをとったものを赤ちゃん用に分けておき与えます。糖分の多いイオン飲料やジュースなどを水代わりにするのは歯や健康によくありません。

ピューレのつくり方

野菜を軟らかくなるまで蒸します（電子レンジでもＯＫです）。蒸したら、ミキサーかハンドブレンダーでピューレ状にするか、フォークでつぶします。好みによって、育児用ミルクか白湯で食感をなめらかに調整し、さましてからスプーンで食べさせます。味つけの必要はありません。ピューレは製氷皿で冷凍したあと冷凍用パックに小分けして保存し、１週間を目安に食べきります。いったん解凍して残ったものは捨てます。

離乳食を準備する時間

離乳の開始頃に離乳食を準備する時間は母乳や育児用ミルクの前の時間、赤ちゃんが食べものに興味を示すときがよく、それは、親の食事と一緒がよいでしょう。空腹時や哺乳後のお腹一杯で眠いときではなく、落ち着いて覚醒しているときです。

朝は母乳や育児用ミルクを欲しがることが多く、積極的に食べることは少ないです。朝食はその時間に欲しがるようになったときから始めれば問題ありません。

◉食事の回数

「授乳・離乳の支援ガイド」には離乳食の回数の目安は、最初は1日1回から始めて、1カ月くらいかけたら、次に2回、最後に3回と段階を踏んで進めると書かれています。目安とされていますが、親は食べさせる回数の指標としてしまいます。「赤ちゃんが自分で食べる離乳」では、回数や量を気にする必要はなく、これも赤ちゃんが決めることです。

赤ちゃんが機嫌がよく、覚醒しているときには親の食事に同席させるとよいと思います。寝ているときに起こす必要はなく、毎回ということでもなく、赤ちゃんにまかせます。とはいっても親の生活リズムに合わせて、夜遅くまで起きて食事をとるという習慣は成長期の赤ちゃんに好ましくありません。生活や睡眠リズムを考慮することは大切です。

1歳半頃まで食事とおやつの区別をする必要はありません。赤ちゃんは胃が小さいこともあり、3回食では足らず4回、5回と食事を食べる子もいます。おやつよりも簡単な食事を準備したほうが、お菓子をあげずにすみます。

◎離乳食を食べる量と与える量

離乳開始時期は、食べる量を気にする必要はありません。栄養は母乳や育児用ミルクが中心であり、それを急いで減らす必要もありません。離乳食の量が増えると自然に乳汁が減っていきますが、乳汁として500～600mlを飲むことがすすめられます。「自分で食べる離乳」といっても、早く乳汁を終了することが目的ではありません。

離乳開始時に準備をする食べものは一種類でも構いません。赤ちゃんに選択させるには数種類あればなおよいでしょう。そしてたくさん食べることを期待しないで準備します。たくさん準備しても、食べる量より、こぼしたりしたり周囲にまき散らす量が多くなり、無駄になるだけです。

赤ちゃんの行動を見ながら、量や種類を調節します。親は準備した食事をすべて食べることを期待し、最後の一口を目標にしてしまいがちですが、赤ちゃんは準備した量に関係なく、食べるのを止めます。食べる量も赤ちゃんが自分でコントロールすることが基本ですが、もし飲みすぎや食べすぎで太りすぎになるならば、食べる量や内容の調整が必要になるかもしれません。また口の中に詰め込みすぎる場合は、与え方を調節します。

しばらくすると赤ちゃんは自ら食べることを楽しみ、自分のペースで食べるようになります。親は食べる量を推測できるようになりますが、それでも作ったものが残ることは仕方ありません。残さず食べることを目指せるのは、もっと先です。それまでは、食べ残しも多くなるので、最初から親のものを分け与えることで調節すると無駄が減ります。

食べる量が少ないと、親は頑張って一口でも多く食べさせようとして、食事の回数も時間も増えます。そうすることにより赤ちゃんにとって食事が苦痛になってしまい、問題を大きくします。素質として食べる量が少ない場合もあり、それは親の食べさせ方が悪いのではありません。

体重の増えが少し悪くても、体調がよければ心配する必要はありません。本人にまかせて楽しく食べることが、長期的には食事を好きになり、食べる量も増える方向に向かいます。

乳汁や離乳食などの摂取量が少ないために、鉄やビタミンなどの特定の栄養素が不足する可能性がある時は、薬剤やサプリメントでこれらを補う必要があるので、小児科医に相談してその必要性を総合的に判断してもらってください。また基礎疾患に関係する小食や体重増加不良の可能性がある場合にも相談してください。

◉お腹いっぱいのサイン

赤ちゃんは食事で満足すると、食べものや食器をおもちゃにした遊びを始めるなどわかりやすい反応を示します。途中で食べなくなったり食べものを手離したりするということは、赤ちゃんが食事を欲していないことを示しています。

そこで食事を終了せずに食べさせ続けると、食べることの好きな赤ちゃんは食べすぎてしまいます。反対に小食の赤ちゃんにとって、「もう一口」と食べさせられることは苦痛であり、食事への拒否を強めることにつながります。特に食べる量が少なく体重が少ない子では、親の思いが「もう一口」につながります。頑張って食べさせると、赤ちゃんは嫌であっても食べる量が少し増えるかもしれません。しかし食事が苦痛な経験になり、長期的にはむしろマイナスの影響がでます。

◉赤ちゃんが自分で食べることの安全性

離乳開始頃の5～6カ月の赤ちゃんが手づかみで自由に食べることを、危険なことのように感じる方もいるかもしれません。しかし注意を払い見守れば、この時期の赤ちゃんが手づかみで自分で口に運ぶときの危険は少ないと考えられます。

自分で食べようとする赤ちゃんは食べることにすべての注意を注いでおり、処理できないものを自分で判断しています。ただし赤ちゃんに限ったことではありませんが、食べているとき、急に驚かせるようなことは避け、親が近くで見守ることが必要です。またすべての危険を防ごうとして何も経験させないでいると、赤ちゃんが危険を回避する能力が育ちません。

それに対してスプーンで食べさせてもらうことには、危険が伴います、離乳開始の頃の赤ちゃんには経験したことのないことに加えて、食べる準備がまったくできていない状態だからです。

食事だと認識しない状態でスプーンを口の中に入れられたときに、初めて何かがきたことに気づくことになるので、赤ちゃんは驚いて誤嚥の危険性が大きくなります。赤ちゃんが手づかみで食べるようとするときとでは気持ちの準備がまったく異なりますので、親がスプーンや手で固形物を口に放り込んではいけません。

水分も同様であり、自分でコップから飲んだ場合、こぼれることはあってもむせることはあまりありません。しかし大人でも他人に介助してもらって飲むときは、十分に注意するにもかかわらず、むせることが多くなります。自分で口に運ぶのと口に入れてもらうのでは、その違いが大きいのです。

◎自分で食べることと、スプーンで食べさせられることは
赤ちゃんにとってはまったくちがう体験になる

9カ月くらいになると赤ちゃんの身体能力が上がり、好奇心も旺盛になります。そして小さいものもつまめるようになり、親の目も離れがちになるので、誤飲や誤嚥の危険はかえって増えます。そのため離乳の開始時期より注意が必要になります。離乳初期から手づかみで食べる経験を積むことは、そのような危険を減らすことにつながるかもしれません。

与えた食べたものが大きすぎて処理できず飲み込めないときもあります。そのようなときは、咽頭反射が起こり〝オエッ〟となり食物を吐き出そうとします。これは咽頭部から食べものを押し出そうとする反射であり、声帯が閉鎖し食べものが気道に入ることを防御します。赤ちゃんは成人より咽頭反射が起こりやすくなっています。

咽頭反射は嘔吐することと同じように不快

なものです。そのため、赤ちゃんはこのようなことにならないように、詰め込みすぎないことを学ぶ機会でもあります。咽頭反射は年齢とともに減少し、食べものを受け入れやすくなりますが、詰め込みすぎも起こりやすくなります。離乳の頃から、様々な食べものを経験することは、必要な警戒心を育てることになります。

　気管に食べものが入りそうになったときや入ったときは、咳嗽（がいそう）反射が起こり、咳をすることにより喉頭あるいは気管に侵入したものを外に出そうとします。

　食べものが予想外に早く、あるいは多く咽頭へ侵入してくる場合に誤嚥は起こりやすくなります。例えば、固形物が入ってくると思っているときに液体がくるとか、その反対もあります。自分で食べるときは、食べる前から目や手で口との距離や食べものの種類などを意識し準備していますが、食べさせてもらうときはその情報が少なく誤嚥（ごえん）が起こりやすくなります。

　このようなことを防ぐためには食べる前から心の準備をすることが必要ですが、離乳開始の頃の赤ちゃんは、親が声をかけたり食べものを見せたりしても、その意味を十分に理解することができません。だからこそ赤ちゃんが自分の手で持つことが、食べものを理解するために重要になります。

◎安全な離乳食のポイント

- 必ず見守る
- 丸く小さいものは与えない（ピーナッツ、大豆のようなもの）
- 口に放り込まない（幼児の兄姉が食べさせることは危険）

- 急に驚かせるようなことをしない
- 安定したまっすぐな姿勢がよい
（もたれかかる姿勢や反り返る姿勢はよくない）
- 食後に口に残っていないかを確認する
（口に食べものを残して寝てしまうようなとき）

◎安全の確保のために

食べもの：赤ちゃんが手づかみで食べものをコントロールしているときは、誤嚥を起こすことは比較的少ないといえます。しかし赤ちゃんはまだ食べる経験が少なく食べものの理解も不十分であり、食べたいという気持ちや好奇心がまさる場合もあります。そのため親は赤ちゃんを見守る必要があります。そして赤ちゃんの口に食物を押し込むことは避け、食べさせてあげるときにはそれ以上の注意が必要です。

食物の準備において避けるべきものとして、ピーナッツや大豆のような丸いものがあります。これらはそのまま気管に入りやすく危険です。餅や団子のようなものも丸飲み込みして窒息しないように注意が必要です。それは年齢が上がり上手に食べられるようになっても同じことです。

姿勢：椅子の背もたれにもたれかかる姿勢での食事は危険が増えます。大人でも背もたれにもたれかかって食べたり飲んだりすることは難しいことです。

注意力：赤ちゃんが食事に興味がなく気が散っているようなとき、満腹や不機嫌で食べたくないときは避けます。

食べものの誤嚥と同様に誤飲にも注意する必要があります。タバコ、ボタン電池、コイン、薬物、洗剤、化粧品、防虫剤などがあります。赤ちゃんの行動範囲が広がり、目が行き届かなくなる頃に危険は増えます。

窒息は気道の入り口にものがつまる状態であり、まれですが起こらないとはいえません。しかし自分で食べる離乳だから危険が高いというわけではなく、すべての子どもに注意が必要です。窒息が起こったときには、気道からものを排除する救急処置が必要で、背部叩打法(はいぶこうだほう)や胸部突き上げ法などがあります。万一に備えてシミュレーションしておくとよいでしょう。

◉丸飲みについて

赤ちゃんが食べものをそのまま飲み込む（丸飲みする）ことを理由に、「食べる機能が未熟だからまだピューレ状のものがよいですね」と指導を受けたという話を聞きます。そもそも、ピューレ状や粒が小さく噛む必要のない食べものは、丸飲み込みしかできません。噛めないものを噛めといっているようなものです。噛むためには固形物を与えることが必要です。それを咀嚼し口の中でドロドロにしたものを、最後に丸飲み込みします。赤ちゃんに小さくても舌や歯肉で潰れない食べものを与えれば処理できず、そのまま飲み込むか外に出すかですが、舌や歯ぐきで潰れるようなものであれば、もっと大きくても大丈夫です。

ただし手づかみではなく、スプーンで固形物をあげるのは危険です。それは赤ちゃんが固形物でなくペースト状のものが入ってきたと考えて、そのまま飲み込もうとすることがあるからです。

◎食べものが硬すぎると

もし手づかみで口に入れたものが硬すぎて処理できないような食べものであると、赤ちゃんはそれを口から押し出して食べることをあきらめます。だから赤ちゃんの処理能力で間に合うものだけを準備をしなくても、処理できるかできないかは本人が決めてくれます。

赤ちゃんは嫌なものや無理な食べものを押し出す能力があり、処理する方法や安全を学びます。だからといってあえて硬い肉を準備することはありません。慎重になりすぎることはないということです。

◎離乳食で避けるべき食べもの

●のどに詰まりやすいもの（大きさと形）

豆（ピーナッツ、大豆など）はそのまま飲み込んでしまうことがあるので与えてはいけません。小さな種のあるものは気を付けます。ミニトマトやブドウなどは必ず半分に切ります。骨や軟骨などは取り除きます。食べさせることはないでしょうが、餅やこんにゃくのようなのどに詰まりやすいものは避けます。

●一部の魚介類

魚は栄養価が高いものも多いですが、食物連鎖の過程で自然界のメチル水銀を体内に蓄積します。メカジキやクロマグロやキバチマグロやキンメダイなどの大きい魚には高濃度で含まれています。そのためＷＨＯは胎児への影響を考えて、妊娠期から摂取量が多くならないように警告しています。乳児や小児の食品健康影響評価では、乳児での暴露量は少なく、小児は成人と同様にメチル水銀が排泄され、脳への作用も成人の場合と類似していることから危険性は少なく、ハイリスクグループは胎児だけとしています（厚生労働省）。しかし念のためメチル水銀の含有量の多い魚は、避けた方がよいでしょう。

●食品の成分

塩分や糖分が多すぎる食べもの、生の食品、ハチミツ、カフェイン含有物、炭酸飲料は与えません。安全確認されていない食品添加物が含まれるものは避けます。

●食物アレルギー

いろいろな食べものの経口的な摂取を遅くすることは、食物アレルギーの危険を増やすといわれています。早ければよいというわけでもなく、消化管の成熟から考えると5～6カ月以降が目安となります。親と同じものを食べることは、この時期からいろいろな食べものを経験することになり、その後の食物アレルギーを予防につながると考えられます。

しかし、食物で強いアレルギー症状を起こしたことのある赤ちゃんは、食物アレルギーに詳しい小児科医に相談し、適切な対応をとる必要があります。

◎成長に伴う栄養素の不足

母乳は初乳から成乳まで、時期により成分が変化していきます。免疫学的に初乳はきわめて重要です。その後も母乳の成分は変化しますが、ほとんどの赤ちゃんにおいて問題にするほどのことはありません。ただしビタミンKのように母乳に欠乏することがわかっている栄養素もあり、そのようなものは薬物（ケーツーシロップ）で確実に補う必要があります。母乳の代わりに育児用ミルクを使う場合は、栄養的に影響が出ることは報告されていませんので、不安に思う必要はありません。

鉄や亜鉛やビタミンDのような栄養素は、6カ月以降になると徐々に胎児期の蓄えがなくなり、不足してきます。身体発育の著しいこの時期では必要量も多く、離乳食から不足する栄養素を摂取するという意味でも自分で食べる食行動を育てておくことが大切です。

◎乳児期の栄養と食物のバランス

赤ちゃんに自由に食べさせると、いろいろなものをバランスよく選ぶ傾向があるという研究も報告されています。だからといって赤ちゃんにまかせるだけで、親が食事や栄養バランスを何も気にしなくてよいということではありません。

成長過程の赤ちゃんは体重当たりのタンパク質や脂質やエネルギーの摂取が大人以上に必要になります。脂肪は多価不飽和脂肪酸のオメガ3脂肪酸やオメガ6脂肪酸が大切で、これらは母乳などに多く含まれています。糖質やビタミンやミネラルも必要です。

●塩分

塩分はとりすぎないよう薄味を基本にします。味の濃いものを食べさせると、より濃いものを好むようになります。離乳開始時期の赤ちゃんは、薄味だから食べないということはありません。親の食べものを取り分ける場合は、味が濃くならないように注意が必要です。取り分けることを考慮して食事を薄味で作り、親が食べるものを後から調味料で調整するのがよいでしょう。

●糖分

離乳開始頃の赤ちゃんは糖分を嫌うわけではありませんが、必ずしも甘いものを積極的に好むともいえません。しかし糖分の多いものを繰り返し食べることにより甘いものが好きになるので、とり過ぎないようにします。

●脂肪

脂肪は成長発達に重要です。母乳や育児用ミルクには脂肪が入っているので不足することはありません。離乳が進み家族が低脂肪食を食べている場合には脂肪不足に注意が必要です。

●食物繊維

食物繊維は腸内環境を整えるのに重要です。腸内フローラ（65ページ参照）は、民族により違いがあり、親や環境から引き継ぐ部分もあります。また乳児期に摂取することが大切なのは、乳幼児期に形成された腸内フローラが成人まで引き継がれるからです。

●サプリメント

日本で一般的な食生活を送っている場合は、特別なサプリメントを補充する必要はありませんが、鉄や亜鉛やビタミンDなどは状況によっては不足することもあります。疾病や生活習慣から欠乏するような栄養素が考えられるならば、薬剤やサプリメントとして補充します。赤ちゃんが特殊な治療用ミルクなどを使用する場合は、不足する栄養素を補う必要があります。

◎安定した姿勢

姿勢を安定させ、まっすぐ座ることが、誤嚥の危険を減らします。自分で姿勢をとれる場合は、赤ちゃんが自分で食べやすい安全な姿勢をとります。自分でしっかりと

◎「赤ちゃんが自分で食べる離乳」におすすめの準備

座位をとれない場合は、体幹を支えることなどに注意を払います。

◎離乳のための椅子

赤ちゃんが座る椅子は、それぞれの生活様式に合わせることができます。抱っこでも、ローチェアでもハイチェアでも大きな問題はありません。親の日常生活がテーブルならば、ハイチェアにして、床の生活ならばローチェアにすると親と一緒に食べやすいでしょう。いずれにせよ赤ちゃんの座位が安定することが大切です。動きやすすぎる状況だと、気が散って食べにくくなることもあるので配慮が必要です。

トレイ付きのチェアは食物を周囲にこぼしにくくなるので、手づかみ食べをさせるには便利です。トレイは赤ちゃんが自由に手を使える高さにします。椅子やクッションは、掃除しやすく汚れにくいものが使いやすいです。床には掃除のしやすいマットやシートをひきます。よだれかけ（スタイ）は洋服の汚れが防げますから、赤ちゃんが嫌がらなければ使用するとよいでしょう。また椅子から落下しないように安全ベルトは必ず装着します。

◉スプーンとフォーク

ピューレ状の離乳食を食べさせるためにスプーンが使われますが、乳児は自分でスプーンを上手に使えません。この時期のスプーンは、親が食べさせてあげるための道具です。そのため自分で食べる離乳においては、離乳開始時期にスプーンは不要です。

手づかみでしっかり食べる頃には、フォークやスプーンにも興味を示すようになります。個人差は大きく1歳前のことも後のこともあります。赤ちゃんはそれらを手に持つことから始めます。

赤ちゃんが道具として使うには、スプーンよりフォークのほうが使いやすいです。それはスプーンに食べものを乗せ、口元までこぼさずに運ぶことは大変難しいことだからです。それに比べてフォークは刺してあげれば使うことができ簡単です。赤ちゃんにとって握りやすい大きさで、鋭利なものではなく安全なものを選びましょう。手

トレーニング用の蓋つきのスパウトマグ

づかみに比べて道具を使って食べるようになると、かえって時間もかかり親にとっては大変になりますが、それも経験することで上手になります。

◎皿とコップ

皿は無地の割れにくいものがよいです。赤ちゃんは皿の絵柄に興味を示し喜ぶかもしれませんが、食事はそれが目的ではありません。椅子に付属するトレイはそのまま皿の代わりとして使うこともできます。投げられる心配もなく便利です。固形物から始める離乳食では最初はお椀も不要です。

コップは赤ちゃんには難しいので、離乳開始時には必要ありません。離乳が進む頃には赤ちゃんも家族が使うコップに興味を持ち、真似して使おうとします。普通の大きさのコップに少量の水を入れた場合、赤ちゃんには持ちにくく、大きく傾けなければならないため、飲みにくくなります。たくさん水を入れると飲みやすくなりますが、その分重くなり、落としたり倒したときに大量にこぼすことになり掃除が大変です。コップを使用する場合は小さいものを選びます。トレーニング用の蓋つきのスパウトマグ（写真、97ページ）のようなものはこぼれる心配が減り、赤ちゃんに任せられます。しかし使用する期間は短いので一時的な代用品でもよいでしょう。そのうちに子ども用のコップで上手に飲めるようになります。

自分で食べる離乳のために

・最初は食べものに親しむ時間として考える。
・母乳や育児用ミルクは、そのまま飲ませる。
・空腹時でないときに始める。
・家族と一緒に同じものを分けて食べる（赤ちゃんに分けられるものを準備する）。
・つかみやすいものを準備する。
・最初は少量の準備で十分。
・散らかることを考えて準備しておく。
・食事の時間を赤ちゃんと楽しむ時間にする。

第5章

離乳からの子育て

離乳を進めるときに大切になるのは、赤ちゃんとのコミュニケーションです。赤ちゃんの食欲や気分に、むらがあるのは当然です。理想的な食べものを作ることや、食べさせる方法や食べる機能の発達ばかりを考えずに、赤ちゃんが何をしたがっているのかをみましょう。

多くの育児書に書かれている離乳の支援は、親がどのように食べさせるかという視点を中心にしていますが、本来は赤ちゃんの視点に立った支援を考えることが大切です。それが赤ちゃんの能力を理解し伸ばすこととなり、すべての子育てにつながっていきます。その第一歩が、離乳・離乳食ともいえます。

離乳の開始時期の自分で食べようとする意欲と能力は、親が思っている以上に高いのですが、散らかさずに食べる力はまだ育っていません。このことを理解して対応しないと、散らかすことをついしかってしまい、赤ちゃんにとって食事は楽しい時間でなくなります。ですから赤ちゃんが食べ散らかすことはあたりまえのことと理解し、あとで片付けるものとしてわりきり、赤ちゃんの支援をします。

◉食べものを嫌がるときには

離乳開始頃に手づかみできる食べものを準備しても、口に運ぶのを嫌がり食べないこともあります。このようなときにはスプーンで食べさせようとしても食べません。それはまだ赤ちゃんが自分で食べる気持ちの準備ができていないからです。

それにもかかわらず親は何とか食べさせようと頑張って、食べものの種類や形態・味付けを工夫したり、食べさせるタイミングなどを考えますが、それは無駄な努力に終わり、落胆します。自分で食べたがらない赤ちゃんは、食べさせられることも嫌がっていることが多いからです。無駄な努力はやめて赤ちゃんのペースに合わせた離乳を考えましょう。

赤ちゃんが自分で食べようとしても食べものをなかなか口に持っていけずに、かんしゃくを起こすこともあります。最初は自分で上手に食べられなくても、しばらくするとできるようになります。周囲があせり、食べさせようとすることが問題を難しくします。もし不機嫌が空腹によるものならば、母乳や育児用ミルクを与えます。

◉赤ちゃんが離乳食を食べようとしないとき

今まで離乳食を食べていた赤ちゃんが、母乳や育児用ミルクは飲むのに離乳食を食べようとしないときがあります。理由がわかるときとわからないときがありますが、多くは何もしなくても数日以内に解決することが多いので、慌てて特別な対応をする必要はありません。

かえって周囲がそれに反応しすぎることが問題かもしれません。長期間続く場合や乳汁も嫌がる場合は、原因の精査が必要になるので、小児科医に相談してください。風邪などの感染症のときには無理に食べさせることはありません。回復したときに食べさせましょう。飲まないことや食べないことが風邪の最初の症状のときもあります。

歯が生え始める時期は違和感あるいは不快感からか、食べることを嫌がることがあります。

心理的な問題もあります。大人と同じように、赤ちゃんも何らかのストレスがかかるときに飲みや食べがはかどらなくなります。それは親のストレスを反映しているのかもしれません。

◉赤ちゃんは自由に食べることを楽しむ

食べさせようとするのではなく、テーブルの上に食べものをおいておけば、赤ちゃんは自由に選択し、自然に口に運びます。つかむものも、それを口に入れるかどうかも、赤ちゃんが決めます。そのほうが赤ちゃんは楽しく、安全にもつながり、そしていろいろなことが経験できて自信をつけます。

大げさに褒める必要はありません。赤ちゃんは褒められるから食べるのではなく、おいしく楽しいから食べるのです。周囲が余分な手を貸すと、かえって邪魔をすることになります。困っていれば赤ちゃんは何らかの合図を出すので、見守ればよいのです。

◉赤ちゃんは真似をする

赤ちゃんは周りと同じものを食べたがります。そして赤ちゃんは真似をすることで、たくさんのことを学んでいきます。ですから親と一緒に食べることは効果的です。赤ちゃんは自分で食べる方法を発見し学ぶので、その手伝いをするだけでよいのです。

食事の時間は食事以外のことを含めて様々なことを学ぶ時間になります。急がせずに時間をかける必要があります。しかし長い時間をかければよいというわけではありません。食べないときは適当に切り上げて次の機会を考えてください。繰り返すことは大切ですが、赤ちゃんの意欲のないときには、その成果は出ません。

見守るといっても赤ちゃんはジッと観察されるとかえってそちらに関心が向いて、食べることを止めることもよくあります。食事の様子を記録に残そうとカメラを向けると、食べるのをやめるという場面もよくみられます。また食べようとしている時に声をかけると食事を中断してしまいます。親は自分も食べながら見守るくらいがちょうどよいと思います。

◎コミュニケーションをとりながら食べる

赤ちゃんと食卓を囲み一緒に食べることとは、食べ方や食べものの選択を広げるだけでなく、マナーや文化、コミュニケーションなどを赤ちゃんが学ぶ場になります。忙しい親にとってそのような時間を取るのは、難しいかもしれません。毎日でなくてもよいので、一緒に食卓につくようにしてみてください。

親もテレビやビデオを消してスマホから離れ、赤ちゃんと一緒の食事を楽しむことが大事です。それは危険を防止し食事のマナーを伝えるというだけではなく、赤ちゃんの新しい経験を見守り、親が楽しむことでもあります。そして親にとっても〝こんなものが食べられるようになった！〟と赤ちゃんの能力を感じる時間になります。

◉赤ちゃんは散らかす

手づかみで自由に食べさせることは親にとって都合のよい面ばかりではありません。赤ちゃんは力の入れ加減もわかりませんので、握りつぶしたり落としたりすることもあります。落としたものも拾い上げられるようにしておきます。

食べものを散らかし周囲を汚すので、洋服や周囲の汚れに対する準備をしておくとよいでしょう。パンなどの汚されにくい食べものを準備することも一つの方法です。食べものを散らかすのは仕方ありませんので、最初から掃除をする覚悟は必要になります。しかしこのようなことは一時的なことであり、成長過程ともいえます。

絵を上手に書けるようになるまでには、なぐり書きから始まりますが、食べることにおいても同じです。周囲を汚さないことを目的に親がスプーンで食べさせてあげるとしたら、赤ちゃんの能力は引き出せません。

手づかみで食べることで食事のマナーが身に付かなくなるのではないかと心配する人もいますが、赤ちゃんが手づかみをすることに問題はありません。手で食べることは道具を使う準備にもなります。そのうち赤ちゃんは親の真似をして道具を使いたがるようになります。親が手本を示していれば、いつの間にかマナーを身に付け、文化を引き継いでいきます。

◎食事と遊び

保護者が困ることとして、遊び食べもあげられます。これは食べものを手で持つことが含まれることもありますが、乳児の手づかみは遊びではなく食べるための行動です。そして赤ちゃんが食べものや食器に触れることは、一人で上手に食べられるようになるための発達の過程です。

手づかみを遊びと考えて、自分で食べようとする行動を阻止すると、食行動の獲得を阻害することにもなります。手づかみ食べは、食物を目で確かめ指でつかんで口に運び入れるという感覚入力運動の体験にもなり、食行動の発達に重要な役割を担っています。

◉母乳や育児用ミルクをやめる時期

母乳や育児用ミルクの終了時期も赤ちゃんにまかせることができます。しかしながら、社会的な状況もありますので、実際には親が決める部分も出てきます。そうであっても赤ちゃん中心の離乳食をおこなっていくことで、スムーズに乳汁から卒業できます。それは赤ちゃんが自立して食べる気持ちや行動が育つからです。

自分で食べる離乳食を進めても、母乳や育児用ミルクを急いでやめたり、やめる時期を決める必要はありません。赤ちゃんが自ら１歳前に母乳や育児用ミルクをやめようとすることはほとんどありません。ＷＨＯも２歳までは母乳を続けることを推奨しています。

６カ月を過ぎても自分で食べる機会がなく、離乳食を食べさせてもらうことや母乳や育児用ミルクばかりになることは、赤ちゃんの自立を妨げます。離乳が進まないという相談を受ける際によくある内容は、「６カ月頃に、離乳食を食べさせようとしたが食べなかったので、結果的に母乳や育児用ミルクにばかりなってしまった」というものです。赤ちゃんが自分で食べる食行動を獲得しやすい時期にその能力を引き出す必要があります。

◉離乳開始時期を過ぎたあと

赤ちゃんは自分のペースで食べることを経験し、だんだん適切な処理ができるようになります。そして食べものを判断する能力も上がります。経験も広がり自立していくので、なだめたり、だましたりして食べさせる必要はありません。

食べることにむらがあっても、急がせることはなく、1日3食にすることが目標でもありません。それぞれの赤ちゃんの個性もはっきりしてきます。慎重な赤ちゃんもいれば、大胆な赤ちゃんもいます。また苦いものや酸っぱいもの、匂いの強いものなどは、すぐに好きになるというものではありません。そして地域による慣習や文化の影響も大きくなります。

離乳が進むと食事に遊びが入ってきます。食事は楽しい場であることが大切ですが、遊びとしての楽しさとは分けて考えます。テーブルにつかせるために遊びの要素を増やすことは、よいことではありません。そのため食事に飽きたようすがみられたら食事は片付けて終わりにします。

原則として、好きな食べものを食事のごほうびとして利用しないようにしましょう。特に甘いお菓子などをごほうびにして食事を食べさせると、甘いお菓子が食事よりも価値の高いものになります。たとえば、ニンジンを食べたごほうびにケーキを与えると、ニンジンよりケーキがおいしい食べものということになり、ニンジンは嫌な食べものになります。

1歳ぐらいになると赤ちゃんは親の注目をひくためにわざとこぼしたり、食べものを投げたりすることもあります。そして赤ちゃんは食べものを拒否することで自分が注目され、親が次から次へとほかの食べものを出してくれることを学びます。拒否することで親が困るのを見て楽しんでいるのかもしれません。だから赤ちゃんの食事をごほうびや罰でコントロールしようと思わないことです。このようなことを繰り返していると、親は赤ちゃんに振り回されるようになります。食事を散らかすこと、こぼすことや遊び食べは、年齢によってその意味自体が異なります。年齢が上がるほどそれまでの経験の影響が大きくなります。食事自体が楽しい時間であるという経験を積むことが大切です。

◉排便

母乳栄養児の排便は泥状であることが多く、1日1回程度のこともあれば数回のことや数日に1回のこともあります。体調もよく元気であれば、回数に関しては心配はいりません。育児用ミルクを飲んでいる場合はやや硬めのことが多いです。

離乳が始まると便のにおいや形も変化し、脂肪や水分不足で便秘気味になることもあります。赤ちゃんが排便で苦しそうなときや肛門が切れるときには小児科医に相談しましょう。

◉食べむら

乳児期は食べる量や種類にむらがあることが多く、保護者の心配事としてあげられます。乳児期にはそれまで食べていたものを食べなくなるようなことはしばしばあり、量も日々変わります。ほとんどの場合は自然に戻るので、体調がよければ気にしすぎる必要はありません。

食べむらがあっても、多くの赤ちゃんは必要なエネルギーや栄養素をとっています。しかし食べむらではない体調による食欲の変化は、赤ちゃんの健康の指標になるので注意しましょう。

◉偏食

偏食は、特定の食品に対して極端な好き嫌いを示す場合をいいます。子育てにおいては「偏食する」、「むら食い」、「遊び食べをする」などの食事に関する多くの悩みが聞かれ（111ページ、厚生労働省　「平成27年度乳幼児栄養調査」）、その対処方法は育児雑誌などでもしばしば取り上げられます。

子どもに偏りのないバランスのよい食事をとらせることが望まれますが、簡単なことではありません。親はバランスのよい理想的な食事内容を考えて、時間をかけて準備をして頑張って食べさせようとしますが、それが親と子にとって苦痛となり、食事が楽しくなくなって親子関係を悪化させることにもつながります。

食事に関する相談で偏食が多い理由は、偏食により栄養不足や栄養バランスの問題、そして成長、発育や社会生活に悪い影響が出るのではないかと心配してのことです。

しかし、ほとんどの偏食はいくつかの食べものを嫌う程度です。偏食により栄養不足になり栄養の補完が必要になるような場合は例外ですが、むしろ親が不安や神経質になることの方が問題です。

偏食の原因には、素因と経験によるものの両方があります。素因として、苦みや酸

◎現在子どもの食事で困っていること（回答者：2～6歳の保護者）

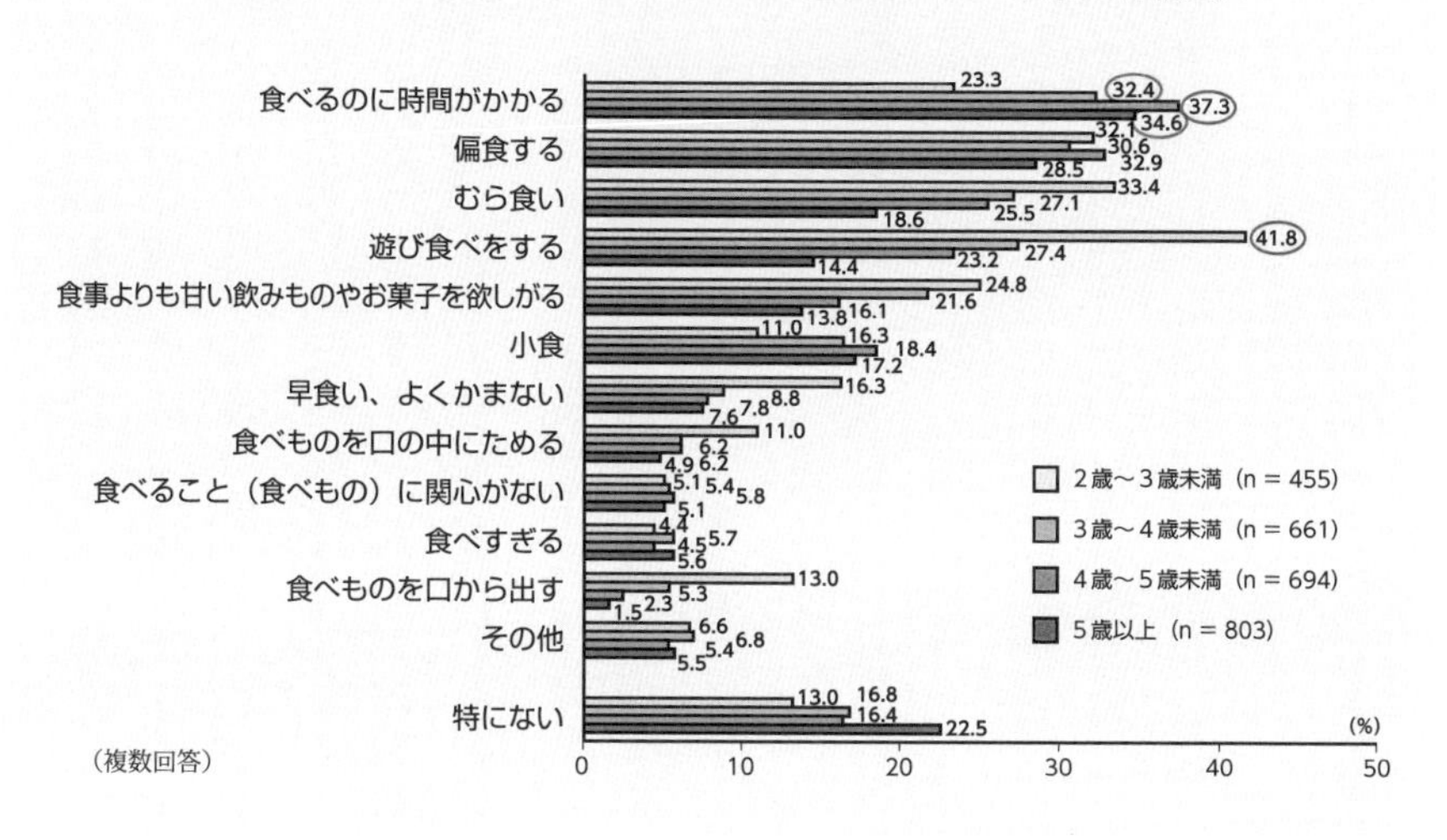

（出典：厚生労働省「平成27年度乳幼児栄養調査」）

味など生まれつき嫌いな味があります。さらに胎児のときの親の食習慣が影響するという報告もあります。また、自閉スペクトラム症では偏食が主要症状の一つとしてあげられます。

経験によるものでは、食べものを食べたときの吐き気や嘔吐から、それ以降その食べものが嫌いになることがあります。親が子どもに嫌いな野菜などを無理に食べさせようとすることも、場合によってはそのような経験になります。

◎偏食にどのように対応するか

赤ちゃんの食べものの好き嫌いは一定せず、食べるようになったかと思うとほかの食べものを嫌がることもあります。しかし、その時期に食べなくても次第に食べるようになることが多いです。

自分で食べることを乳児期から進めると食事が楽しい時間になり、偏食も少なくなります。もし偏食があったとしても、無理に食べさせる必要はありません。おもちゃなどほかのもので気をまぎらわせながら食べさせることは、「嫌だけど我慢して食べている」ということになり、食事を楽しむことになりません。赤ちゃんの偏食の対応は、食行動の発達を理解したうえで、年齢や問題に応じて考えます。

偏食への一般的な対応としては、生活のリズムを整える、食べることへの興味を促す、雰囲気の整備、集団で食事をする体験などがあげられます。乳幼児期は味ではなく食感で嫌がることもあります。食材や味だけでなく、調理方法を工夫し、体験させて受け入れを促します。そして、親は嫌いな食べものを決めつけずに進歩がみられ克服できたら褒めるようにします。子育てや発達の支援と同じように、自尊心を高めるような対応をおこないます。

しかし、このような偏食に対する一般的な対応を試みているつもりでも上手くいかず、親が苦労しているのが実際です。食べようとしないときは食事の原点に戻り、食事が楽しい時間になっているか考えてみることです。具体的な対応は、年齢や経験により異なりますが、基本は変わりません。

まずは無理に食べさせようとしないことから始めます。子どもが嫌いなものを無理矢理食べさせても次につながりません。子どもは次は何とか避けようとします。我慢して食べるのではなく、自分で「苦手な食べものに挑戦しよう」という気持ちを引き出し、親はその挑戦を支援するようにします。

◎乳幼児期の経験はその後の食行動につながる

生まれてからの2～3年は子どもにとって最も大切な時期で、将来の健康にも影響を及ぼすと考えられています。この頃に身についた食行動は習慣となり、大人になっても続きます。カルガモが卵から生まれて最初に見た動くものを、親と認識することを「刷り込み現象」といいますが、食事にも刷り込み現象があるとされ、小さい頃に食べた食物の味や匂いや感触などが記憶のどこかに残ります。大人になっても、乳幼児期に繰り返し食べて刷り込まれた食物の匂いや感触を覚えているのです。

赤ちゃんが離乳を開始するときは、すべての食べものは未経験のものであり、食べものは用心すべきものとして認識されます。警戒して少し口にするところから始まり、徐々に安心で安全なものの範囲を広げていくことが食行動の発達過程です。いろいろなものを手でつかみ口に運び、なめ、噛むことにより確認し、それらの経験により食べものの区別を学習します。

反対に乳幼児期に同じ味や食物形態のものばかり食べていると、その食べものに親和性をもち、ほかのものを嫌うこともあります。乳幼児期に疾病などで長期間にわたり同じ食べものばかり口にせざるを得なかった場合に、このような傾向がみられます。乳児期からいろいろな味覚や触覚を経験することは、将来の健康にとっても大切なことなのです。

あとがきにかえて

摂食嚥下障害のたくさんの乳幼児を病院や診療所でみてきました。そのなかで特に機能的に問題がないのにもかかわらず、食べない、あるいは〝食べようとしない〟赤ちゃんの相談が増えてきました。それと同時に、離乳と離乳食がスムーズにいかないことで苦労している数多くの親の相談を受けてきました。

そのような相談がたえないのは、哺乳から自分で食べることへの移行である離乳という食行動の発達が、正しく理解されていないことが理由の一つであると考えています。

日本の離乳指導に用いられる「授乳・離乳の支援ガイド」（厚生労働省策定）が、離乳開始の時から赤ちゃんが自分で食べることの重要性を重視していないことが大きいのでしょう。育児書にも「授乳・離乳の支援ガイド」にも「離乳食はスプーン一口のおかゆから」と書かれているため、そのまま実践して赤ちゃんが拒否し、悩んでしまう親が多いのです。

本書がすすめる赤ちゃんが自分で食べる離乳は、決して特別な方法ではなく、大人が習う必要もない簡単で単純な方法です。その時に気を付けていただきたいのは、固形物を食べさせようとするのではなく、赤ちゃんが食べるのを見守ることです。あとは赤ちゃんと親にそのよさを感じていただきたいと思います。ここに書いたすべてを実践することが目的ではありません。少しでも赤ちゃんにまかせてみてください。新しい発見があると思います。

赤ちゃんの食行動は、食物を目でとらえ、自分の手で持ち、口へ運び、さらに指先でつまみ、年齢が上がるとスプーンを使えるようになっていきます。このような食行動は、きわめて自然な行動です。赤ちゃんの能力を活かすには、親が食べさせることが中心の離乳から、赤ちゃんが自分で食べる離乳の支援に変えることが必要です。そうすることにより、親は楽になり、楽しい育児につながります。

参考資料

●「授乳・離乳の支援ガイド（2019年改定版）」厚生労働省
●「平成27年度　乳幼児栄養調査」厚生労働省
●「日本人の食物摂取基準（2020年版）策定検討会報告書」厚生労働省
●「妊婦への魚介類の摂取と水銀に関する注意事項及びQ＆A（平成22年6月1日改訂）」厚生労働省
●ジル・ラプレイ、トレーシー・マーケット『「自分で食べる！」が食べる力を育てる――赤ちゃん主導の離乳（BLW）入門』原書房　2019
●田角　勝『田角 勝のこれだけは伝えたい　子どもの意欲を引き出す摂食嚥下支援』医歯薬出版　2019
●田角　勝『トータルケアで進める子どもの摂食嚥下サポートガイド――「食べる」を育む40のポイント』診断と治療社　2019
●日本ベビーフード協議会　ホームページ http://www.baby-food.jp/

著者紹介

田角　勝　（たつの・まさる）

たつのシティタワークリニック院長、昭和大学医学部小児科学講座客員教授。日本小児科学会、日本小児神経学会専門医。1978年昭和大学医学部卒業。1978年昭和大学医学部小児科学講座前期助手。1980年関東労災病院小児科。1981年神奈川県立こども医療センター神経内科。1983年昭和大学医学部小児科学講座助手。1988年昭和大学医学部小児科学講座講師。1997年せんぽ東京高輪病院小児科部長。2003年都立北療育医療センター城南分園園長。2005年昭和大学医学部小児科学講座助教授。2006年昭和大学医学部小児科学講座教授。2018年昭和大学医学部小児科学講座客員教授。2019年大田区立障がい者総合サポートセンターB棟管理者、さぽーとぴあ診療所。2020年より現職。著書に『トータルケアで進める子どもの摂食嚥下サポートガイド――「食べる」を育む40のポイント』（診断と治療社、2019）、『田角勝のこれだけは伝えたい　子どもの意欲を引き出す摂食嚥下支援』（医歯薬出版、2019）など。

装幀　後藤葉子（森デザイン室）
本文イラスト　竜田麻衣
組版　酒井広美（合同出版制作室）

手づかみ離乳食

赤ちゃんが自分から食べる〈離乳法〉

2020年9月20日　第1刷発行
2021年1月15日　第2刷発行

著　　者　田角　勝
発 行 者　坂上美樹
発 行 所　合同出版株式会社
郵便番号 101-0051
東京都千代田区神田神保町 1-44
電話 03（3294）3506　FAX 03（3294）3509
URL http://www.godo-shuppan.co.jp/
振替 00180-9-65422

印刷・製本　恵友印刷株式会社

■刊行図書リストを無料進呈いたします。
■落丁・乱丁の際はお取り換えいたします。

ISBN978-4-7726-1429-0　NDC599　148×210